KB039719

설득의 법칙

Du machst, was ich will: Wie Sie bekommen, was Sie wollen
by Volker Kitz © 2013 by Ariston Verlag
a division of Penguin Random House Verlagsgruppe GmbH, München, Germany.

All rights reserved. No part of this book may be used or reproduced in any manner
whatever without written permission except in the case of brief quotations
embodied in critical articles or reviews.

Korean Translation Copyright © 2023 by FORESTBOOKS
Korean edition is published by arrangement with Penguin Random House Verlagsgruppe GmbH
through BC Agency, Seoul

이 책의 한국어판 저작권은 BC에이전시를 통한
저작권사와의 독점 계약으로 포레스트북스에 있습니다.
저작권법에 의해 보호를 받는 저작물이므로 무단 전재와 복제를 금합니다.

"사람의 마음은 무엇으로 열리는가?"

폴커 키츠 지음 ― 장혜경 옮김

# 설득의 법칙

## 사람의 마음을 끌어당기는 10가지 심리학

# Du machst, was ich will
## :Wie Sie bekommen, was Sie wollen

포레스트북스

# 마음은 어떻게 움직이는가?

로비스트란 특정 조직의 이익을 위해 정당이나 의원을 상대로 활동하는 사람을 말한다. 흔히 로비스트에게는 권력을 조종하는 막강한 힘이 있다고 생각한다. 그들이 자신을 고용한 사람을 위해 법을 바꾸고 정치적 영향력을 행사하며 자신의 의지를 대부분 현실로 만들기 때문이다. 하지만 어떻게 그렇게 하는지 아는 이는 거의 없다. 그들만의 '힘'으로 하는 일이니까.

그 힘이란 정확히 어떤 것일까?

사람들은 대개 로비스트가 돈 가방을 들고 어두컴컴한 뒷방에서 일을 꾸민다고 생각한다. 그것은 사실이 아니다. 어떤 기업도 그런 가방에 넣어줄 돈은 없다. 로비스트의 활동은 매우 공식적이다. 대부분 법안이나 기타 정치적 결정을 특정한 방향으로 이끌거나 저지하려는 목표를 위해 노력한다. 사실 다른 모든 사람도 날마다 주변 사람들과 맞서 자신이나 다른 이의 이익을 대변한다. 의식적으로 그럴 때도 있지만 자기도 모르는 사이에 그럴 때도 많다.

로비스트들의 일상도 우리의 일상과 다를 것이 없다. 관건은 인간관계다.

성공적인 로비스트는 심리 효과를 이용한다. 우리 모두가 가정이나 직장에서 마음껏 활용할 수 있는 전략들이다. 그러므로 이런 효과를 이용하면 당신도 원하는 것을 얻을 수 있다. 연봉을 올릴 수도 있고, 어려움에 처했을 때 이웃의 도움을 받을 수도 있으며, 아이들에게 자기 방을 치우게 할 수도 있다. 이 외에도 지금 당신 머릿속에 떠오른 거의 모든 것을 뜻대로 이룰 수 있다.

최근 나는 일흔 명의 경쟁자를 물리치고 부동산 중개업자도 없이 원하던 집을 얻었다. 로비스트로 일할 때 배웠던 다양한 전략을 구사한 덕분이다. 모든 사람이 정확히 똑같은 규칙에 따라 움직인다는 사실에 놀랄 때가 한두 번이 아니다. 나 자신도 다르지 않다.

이것이 로비스트의 진짜 '힘'이다.

그 힘은 모든 사람에게 잠재되어 있다.

일방적인 조작을 하라는 뜻이 아니다. 그렇게 해서는 절대 성공할 수 없다. 양쪽 모두에게 도움이 되는 전략만이 성공할 수 있다. 하지만 거기까지 가는 길은 정말로 다양하다. 대부분의 사람이 예상하는 것보다 훨씬 더 말이다.

독자들 중에는 로비스트에 관해 이미 이런저런 이야기를 들어본 사람도 있을 것이다. 이 책은 그런 이야기를 로비스트로부터 직접 들을 수 있는 기회다. 오랫동안 나는 대기업 및 중소기업의 정치적 이익을 관철시켰다. 이 책을 통해 당시 어떤 활동을 했는지 솔직하게 들려주고 실제로 어떻게 법을 바꾸고 정치적 영향력을 행사했는지 그 '힘'의 바탕이 무엇이었는지 알려주려 한다. 로비스트의 삶은 드라마틱한 배경음악과 몰래 카메라를 동원한 현장 르포와 전혀 다르다. 진짜 로비스트의 삶은 지극히 평범한 우리 일상에 훨씬 더 가깝다. 이제 비밀에 싸인 이 직업을 당신이 직접 들여다보라. 당신 안에 숨어 있는 그 '힘'도 함께.


민헨에서, 폴커 키츠

차례

# Part 2. 감정

# Part 3. 전략

# Part 1. 논리

## Du machst, was ich will
### :Wie Sie bekommen, was Sie wollen

# 설득은 이성과 논리로 하는 것이 아니다

지금 여기서 250억 달러가 걸려 있는 행사가 진행되려 하고 있다.

오후 1시였다. 아직 위장에는 소화되지 않은 점심식사가 그득했다. '오늘의 의사일정 : 전문가 공청회.' 이것이 이제 막 시작될 독일 연방의회 경제위원회의 의제다.

이때 나는 한 대형 협회의 로비스트였다. 로비스트는 정치와 여론에 대항하여 특정한 이익을 대변한다. 대부분 입법 과정과 관련된 일이다.

여전히 많은 사람이 '로비Lobby'라는 말을 들으면 우선 무기 거래부터 떠올린다. 덕분에 기업이나 단체는 공식적으로 '로비 부서'를 두지 못한다. '로비'라는 표현 대신 '정치 커뮤니케이션', '공공관계Public affairs', '대(對)정부관계' 같은 말을 쓴다. 표현이야 어떻건 로비스트는 구체적인 목표를 추구한다. 대부분 법안이나 기타 정치적 결정을 특정한 방향으로 이끌거나 저지하려는 목표다.

독일 연방의회 위원회는 특정한 주제에 관해 전문가의 의견을 구하고자 할 때 청문회를 개최할 수 있다. 가결하고자 하는 법안에 대해 의원들도 문외한이기 때문에 외부의 전문가를 초빙하는 것이다. 과학자, 전문직 종사자, 단체 대표, 기업가 등이 이에 속한다. 문제 해결에 도움이 된다고 판단되는 사람이라면, 누구나 부를 수 있는 것이다.

흔히 이렇게 생각할 수 있다. 질문을 던지는 의원은 그 문제와 관련해 최고의 능력을 자랑하는 전문가에게서 지적 갈증을 해소하고자 한다고 말이다.

하지만 실상은 이와 다르다. 의원들은 자기가 부른 전문가에게만 질문을 한다. 다른 당의 전문가에게 관심을 돌리는 경우는 기껏해야 그들을 무시하려는 목적을 가지고 있을 때뿐이다. 그 목적을 달성하기란 그리 어렵지 않다. 의원들은 전문가의 답변에 토를 달 수 있지만 전문가는 발언권이 없어서 대응할 수가 없기 때문이다. 그러 므로 그런 자리에 가는 전문가라면 자신의 답변에 대해 상대 정당의 의원이 "만날 그런 헛소리만 하는군요" 같 은 거만한 발언을 쏟아내도 꾹 참을 용의가 있어야 한다. 상대가 아무리 말도 안 되는 토를 달아도 전문가는 아무 대꾸를 할 수 없으니까.

그날 오후, 그러니까 케이크와 커피를 앞에 두고 250억 달러가 왔다 갔다 하는 문제를 결정해야 했던 그날의 주 제는 원치 않는 이메일 광고, 즉 스팸메일을 차단하기 위 한 법안이었다. 미국에서 나온 연구 결과에 따르면, 전 세 계적으로 스팸메일은 연간 250억 달러의 손실을 입힌다. 이에 모든 정당이 행동에 들어갔다. 여당 연정은 은폐된 광고성 메일을 아예 금지하는 '반(反)스팸메일 법안'을 발의했다. 야당은 당연히 그 법안에 반대했고 나름의 대 안으로 '스팸메일의 효과적 감소를 위한 법안'을 내놓았 다. 다소 모호하지만, 관련 계몽운동을 펼치고 스팸메일 저지를 위한 중앙본부를 설치하자는 내용이었다.

나를 대표로 보낸 기업은 인터넷 서비스 제공자였고, 스 팸메일로 인한 통신망 부담으로 골치를 앓고 있었다. 또 건실한 기업들 역시 스팸메일로 마구 광고를 해대는 건실하지 않은 기업들 때문에 큰 손해를 보고 있었다. 그렇다고 광고를 전면 금지할 수는 없었다. 건실한 기업들 역시 광고를 할 수 있어야 하기 때문이다. 그것은 헌법이 보장하는 기업의 기본적 권리다. 그러므로 반스팸메일법은 불량 기업의 광고는 잡아내되 건실한 기업의 광고 권리가 침해당하지 않도록 만들어져야 한다. 시범 청문회에서 나는 이런 차별화된 입장을 분명히 밝혔다. 하지만 나를 부른 의원은 이런 사실을 무시하고 자신의 주장에 유리한 대답만을 유도한 뒤 더 이상 내게 어떤 질문도 하지 않았다. 의원들은 전문가들에게 질문을 하는 데 사용할 짧은 시간의 대부분을 자기 의견을 다시 한번 피력하는 데 써버렸다. 말투는 진중하고 심각했지만 질문의 내용은 창피스러울 정도로 한심한 수준이었다.

그 자리는 내가 최초로 참석한 독일 연방의회 청문회였다. 그때까지만 해도 나는 의원들이 최선의 해결책을 찾기 위해 열심히 노력한다고 믿었다. 그리고 청문회란 최선의 해결책을 찾기 위한 지식을 모으는 자리라고 생각했다. 하지만 그날 독일 연방의회에서 정치를 바라보는 나의 시각은 완전히 바뀌었다.

정치뿐 아니라 일상생활에서도 우리는 매일 경쟁적으로 논리를 펼치고 토론을 한다. 상대를 설득하려 애쓰고 상대를 한 방에 보낼 날카로운 논리를 수집한다. 하지만 안타깝게도 그런 노력을 통해서는 아무것도 얻지 못한다.

이런 경험은 다음과 같은 의문을 낳는다.

- 논리로 설득을 하려는 노력이 의미 있는 것일까?
- 의미가 있다면 언제, 어떤 논리를 써야 할까?
- 의미가 없다면 이제, 어떻게 해야 할까?

이 책은 이런 질문들을 따라가 보기로 한다. 사이사이 재미난 과학 연구를 배경으로 우리의 평범한 일상적 행동들이 얼마나 의미가 있는지 거듭 점검해볼 것이다. 이제부터 이름하여 '태도 변화Change of attitude'에 대해 연구해보도록 하자.

## 사람에게 영향을 미치는 요인은 네 가지다

'태도Attitude'는 심리학의 전문개념으로 '확신'이나 '의견'보다 훨씬 많은 뜻을 함유하고 있다.

심리학에서 태도는 일반적으로 사람이나 사물에 대한 평가를 말한다. 이러한 평가는 그 사람이나 사물에 대한 당신의 행동에 지대한 영향을 미친다. 예를 들어, 그 사람이 당신을 위해 무언가를 해주도록 만들 수도 있는 것이다. 따라서 태도 바꾸기란 단순한 '설득' 이상의 것이다.

태도는 네 가지 요인에 바탕을 둔다.

### 1. 유전적 소인

몇 가지 태도는 타고난다. 물론 아직 논란이 많은 주장이지만 많은 학자가 그렇다고 동의한다. 일란성 쌍둥이가 떨어져 자랐고 서로 전혀 본 적이 없는데도 많은 태도에서 공통점을 보인다는 사실은 이런 주장을 뒷받침한다.

### 2. 애정

애정의 요인은 감정이다. 우리는 특정 사람이나 물건에 대해 긍정적이거나 부정적인 감정을 품을 수 있다. 우리가 그 사람이나 사물에 대해 어떤 입장을 취하느냐도 그 감정에 따라 좌우된다.

## 3. 인지

여기서 말하는 인지는 의식적인 정보 처리, 즉 적극적 사고를 뜻한다. 우리는 논리와 정보를 점검하고 검토하여 판단을 내린다.

## 4. 행동

태도는 특정 상황에서 우리가 어떤 행동을 취할지 '예언'한다. 거꾸로 우리는 행동으로부터 태도를 추측할 수 있다. 우리의 많은 태도가 무의식적으로 드러나기 때문이다. 하지만 우리는 생각이 행동과 일치되기를 원하기 때문에 태도를 행동에 맞추기도 한다.

예를 들어, 당신은 택배기사를 좋아하는지 그렇지 않은지 한 번도 생각해본 적이 없을 것이다. 하지만 누군가 그런 질문을 던진다면 당장 자신의 행동을 분석할 것이다. 나는 택배기사를 만났을 때 어떤 행동을 하나? 인사를 하나? 다정하게 대하나? 무시하나? 문을 열어주나? 명절 때 작은 선물이라도 건네나? 혹시 살면서 한 번이라도 택배기사의 존재를 의식해본 적이 없었던가?

서로 다른 태도에서 이 네 가지 요인은 각기 다른 비중을 차

지한다. 그러므로 어떤 사람의 태도를 변화시키려면 그 토대가 되는 요인에 영향을 미쳐야 한다.

먼저 1번 유전적 소인은 바꿀 수가 없다. 적어도 우리가 가진 얼마 안 되는 방법으로는 절대 불가능하다. 그러니 논리 따위로 이것을 바꾸겠다는 생각은 아예 꿈도 꾸지 말아야 한다. 2번 애정은 상대의 감정에 영향을 미친다면 바꿀 수 있는 요인이다. 바꿀 수 있을뿐더러 잘 바꿀 수도 있다. 하지만 감정의 본질은 논리의 영향을 받지 않는다는 것이다. 논리가 오히려 역효과를 일으켜 정반대의 결과를 낳을 수 있다. 3번 인지 요인은 정보나 논리를 통해 바꿀 수 있다. 4번 행동 요인도 바꿀 수 있다. 어떤 태도가 나오게 된 행동에 영향을 미치면 된다. 뭔가 신날 것 같지 않은가? 그 방법에 대해서는 9장에서 다시 이야기하기로 하자.

이 네 가지 경우 중에서 단 한 가지에서만 논리와 정보가 통한다. 즉, 우리가 흔히 '설득 작업'이라고 부르는 것은 태도가 3번 인지 요인에 바탕을 두고 있을 경우에만 유효한 것이다. 그렇다면 그런 경우는 구체적으로 언제일까? 인지 요인은 주로 상대에게 직접 해당되는 주제를 다룰 때 영향력을 발휘한다. 이는 '논리가 쓸모가 있으려면 어떠해야 하는가?'라는 질문을 제기한다. 이 질문에 대한 대답은 다음 장에서 알아보기로 하자.

우리는 자신과 직접 관련이 없는 주제를 다룰 때 나머지 다른 요인들의 영향을 받는다. 특히 그중에서도 애정은 거의 항상 영향을 미친다. 우리는 의식적 사고는 차단할 수 있지만 감정은 절대로 차단할 수 없다. 따라서 우리에겐 의식적 사고와 전혀 상관이 없는 태도가 많다. 설사 자신의 태도를 '의견'이라고 부른다 해도, 그런 태도를 취하게 된 것이 논리 때문임을 의미하지는 않는다. 이것이 의견의 장점이다. 누구나 논리가 필요 없는 의견을 표명할 수 있다. 우리는 모두 의견을 나쁜 논리로 정당화하거나, 혹은 그에 대해 전혀 논리를 제시하지 않을 자유가 있다. 이것은 심리학적 사실일 뿐 아니라 헌법이 정한 권리이기도 하다. 독일헌법 5조에 명기된 표현의 자유는 생각이나 논리 없이 만들어진 의견도 수십 년의 연구과 고민 끝에 탄생한 의견과 진배없이 보호한다.

하지만 감정과 완전히 별개인 태도는 없다. 감정의 요인은 항상 함께 작용한다.

우리가 의식하지 못하는 태도도 많다. 앞에서 예로 든 택배기사에 대한 태도가 그러할 것이다. 이렇게 아무도 모르게 우리 안으로 스며든 태도를 심리학에서는 '암묵적 태도Implicit attitude'라고 부른다. 반대로 명확하게 형성된 태도를 '명시적 태도Explicit attitude'라고 부른다. 암묵적 태도는 논리나 정보를 의식적으로 고민한다고 해서 생기는 것이 아니다. 그러므로 역시 논리나 정보로는 암묵적 태도를 바꿀 수 없다.

자신의 태도를 논리적으로 변호한다 해도 실은 그 원인이 인지 요인과는 다른 요인일 수 있다. 명시적 태도에 우리도 의식하지 못하는 사이 정반대의 암묵적 태도가 숨어들었을 수 있는 것이다. 그런 경우 그 태도는 논리를 통해 탄생한 것이 아니다. 오히려 우리가 무의식적으로 논리를 태도에 맞춘 것이다. 이를 심리학에서는 '확증 편향Confirmation bias'이라고 하는데, 확증 편향은 인지적 왜곡 현상의 하나다.

다시 한번 정리하자면, 논리로 태도를 바꿀 수 있는 경우는 한 가지뿐이다. 따라서 대부분의 경우에서는 논리와 정보가 애당초 무의미하다. 그럼에도 우리 일상에서는 논리가 너무 과대평가되고 있다.

## 그릇된 길로 이끄는 두 가지 신조

그런데도 우리는 쉬지 않고 논리를 펼치고 토론을 한다. 집에서도 직장에서도, 정치 현장에서도 말이다.

나는 자주 기업의 초대를 받는다. 그들이 나를 부르는 이유는 갈등을 중재해주기를 바라기 때문이다. 가서 보면 말 그대로 난장판이다. 자기들도 도저히 어찌할 바를 모르다가 결국 외부의 도움을 청한 것이다. 그런 경우 대개 문제는, 문제를 객관적으로 해결하기 위해 과하게 노력한 데 있다. 보통 이들은 나를 보자마자 이런 말부터 한다. "벌써 몇 번이고 한자리에 모여 객관적인 해결책을 찾기 위해 노력했습니다." 아마 당신도 그런 대화에 끼어본 적이 있을 것이다. 계속해서 이런 지적이 난무하는 대화 말이다. "객관적으로 생각하세요", "너무 감정적이군요", "개인적으로 받아들이지 마세요."

사람들은 올바른 정보와 논리를 주장하면 원하는 것을 얻을 것이라고 생각하는데, 이는 다음과 같은 두 가지 잘못된 믿음 때문이다.


1. '객관성'과 '올바른 해결책'이 존재한다는 믿음
2. '공정함'이 존재한다는 믿음

### 1. '객관성'과 '올바른 해결책'이 존재한다는 믿음

먼저 오해 1에 대해 알아보자. 정치와 우리 일상생활에는 많은 공통점이 있다. 우리는 정치인이 객관적 사실을 따지고 그 사실에서 올바른 해결책을 찾는다고 믿는다. 또한 그것을 '공

익'이라고 부르며, 모든 정치인은 공식적으로 공익에 이바지
할 책임이 있다고 믿는다.

이익집단의 대변인에 대한 부정적 이미지도 다 이런 믿음
탓이다. 그들을 정치인들이 객관적이고 '올바른 해결책', 즉 '공
익'을 추구하지 못하도록 방해하는 훼방꾼으로 보는 것이다.
그들은 공익을, 모두에게 똑같이 이익이 돌아가게 해야 하는
결정을 개별 집단에만 유익하게 만드는 나쁜 놈들이다. 많은
사람이 이렇게 생각한다. 만일 이런 생각이 사실이라면 정치
적 이익집단의 대변인들은 정말로 문제아들일 것이다.

하지만 이런 생각에는 흠이 하나 있다. 우리의 일상적 사고
와 행동에도 걸림돌이 되는 흠이다. 바로 객관적인 하나의 '올
바른 해결책'이란 존재하지 않는다는 것이다. 이 때문에 그 해
결책을 택하도록 누군가를 설득할 수도 없고, 그 해결책을 택
하지 않도록 납득시킬 수도 없다.

'공익'이란 정확히 무엇인지 생각해보자.

'공공'이란 수없이 다양한 집단으로 이루어지며, 한쪽에게
유익한 것은 다른 쪽에게 해가 된다. 자원은 한정되어 있기에
국가가 한 집단에게 무언가를 주려면 다른 집단의 것을 뺏어
야 한다. 한마디로 공공에게, 그러니까 만인에게 최선인 하나
의 해결책은 존재하지 않는다.

그래서 모든 사회적 집단은 로비를 하여 정치인들에게 자신의 이익을 부탁한다. 환경보호단체도, 핵발전소도, 대형 은행도, 기초생활수급자 집단도. 그러면서 서로를 아주 면밀하게 감시하고 관찰한다. 상호 통제의 효과적인 시스템이다. 결국 누구에게 주고 누구에게서 뺏을 것인가를 결정하는 일은 정치인들의 달갑지 않은 숙명이다.

따라서 어떤 주제에도 찬반의 논리는 똑같이 존재한다. 반론이 없는 논리는 없다. 더 나아가 모든 해결책은 모든 논리로 정당화될 수 있다. 나는 법학을 공부한 입장에서 감히 말할 수 있다. 이것이야말로 법학을 공부하여 얻은 결정적인 깨달음이라고. 법원에서 일하는 동안 특히 감명 깊게 배운 사실은 이것이다. '모든 결정은 모든 논리로 정당화될 수 있다!' 판결문을 다 작성하고 난 다음에 생각이 바뀌었다고 해도 판사는 그 내용을 다시 고쳐 쓸 필요가 없다. 똑같은 논리로 정반대의 판결을 정당화할 수 있기 때문이다. 말만 몇 마디 고치면 된다. '왜냐하면'을 '그럼에도 불구하고'로, '결정적인 사실이다'를 '결정적일 수도 있지만'으로, '그리고'를 '그러나'로 바꾸면 된다.

하나의 올바른 해결책이 있다면 정치적 결정 과정을 둘러싼 야단법석도 건너뛸 수 있을 것이다. 의회도 필요 없고, 명약관화한 올바른 해결책을 실행에 옮길 정부기관만 있으면 될 일이다. 물론 그런 국가들도 있다. 하지만 실존하는 그런 국가들은 민주주의와는 거리가 너무 먼 체계로 운영된다.

정치 무대에서 정치인들이 믿는 척하는 일들을 우리는 지극히 평범한 일상생활에서 믿는다. 매사 객관성을 따지고 올바른 해결책을 찾기 위해 문제를 객관적으로 이야기해야 한다고 말이다.

## 2. '공정함'이 존재한다는 믿음

우리는 공정함을 기대하고 공정한 대접을 받지 못하면 깊이 분노하고 상처받는다. 이런 비극적 망상 역시 인식의 왜곡이다. 심지어 과학적인 이론도 있다. 이름하여 '공정한 세상 가설Just-world hypothesis'이다. 이 공정한 세상에 대한 믿음은 우리의 통제 욕망이 낳은 결과다. 우리의 뇌에게는 우리가 자신은 물론 주변 세상을 통제하지 못한다는 느낌이야말로 고민 중에서도 최고의 고민이다. 따라서 공정한 세상을 믿어서 주변에서 일어나는 일을 통제하려 노력한다. 세상이 공정하면 우리가 특정 방식으로 행동할 때 다른 사람들이 우리에게 어떻게 행동할지 예상할 수 있기 때문이다.

그러나 우리는 너무나 정확하게 알고 있다. 삶은 엄청나게 불공평하다는 것을. 안타까운 일이지만 그렇다고 해서 사실이 달라지지는 않는다. 삶은 불공평하다. 당신만 봐도 알 수 있다. 당신은 책을 쓰고 인쇄하여 읽을 수 있는 나라에서 태어났다. 당장 오늘 저녁 끼니를 걱정해야 하는 나라의 사람도 있는데, 당신은 배가 부를 만큼 먹을 것이 있고 지붕 있는 집에서 잠을 자며 읽고 쓸 수 있다.

삶을 적어도 지금보다는 공정하게 만드는 것이 우리의 사명이 아니냐고? 물론 그렇다. 그리고 많은 지점에서 상대적이나마 지금보다 더 공정한 세상을 만들 수도 있다. 그럼에도 '공정함'은 존재하지 않는다. 모든 정당이 유사 이래로 정당의 깃발에 적어놓았던 그 글귀, 우리가 지극히 평범한 일상에서, 직장에서, 학교에서, 동네에서, 집 안에서, 심지어 휴가 계획을 짤 때도 굳게 믿는 그 공정함은 이 세상에 존재하지 않는다.

공정이라는 것이 대체 무엇인가? 다양한 인간과 다양한 생명체의 수없이 다양한 욕망은 늘 상호 모순된다. 웨인 W. 다이어Wayne W. Dyer는 《행복한 이기주의자Your Erroneous Zones》에서 이렇게 말했다. "세상이 너무도 질서정연하고 모든 것이 공평무사해야 한다면 어떤 생물도 하루를 버텨내지 못한다. 새가 벌레를 잡아먹는 것조차 할 수 없다. 어찌 모든 이의 이익을 충족시킬 수 있겠는가?"

심지어 법정에서도 '공정함'은 존재하지 않는다. 여러 법원과 심급은 동일한 경우에도 전혀 다른 판결을 내린다. 같은 법원의 판사들조차 무엇이 공정한지를 두고 의견이 엇갈린다. 모두가 같은 사안에서 같은 법으로 '객관적인' 판결을 내렸음에도 말이다. 같은 법원이 시간이 흐르면서 견해를 바꾸는 경우도 있다. 독일 최고 연방법원은 '판결 변경'을 정기적으로 공고한다.

객관성과 공정함에 대한 우리의 이런 치명적 믿음은 이 장의 문을 열었던 심각한 오해를 낳는다. 즉, 내 권리를 얻기 위해서는 올바른 정보와 논리를 펼치기만 하면 된다고 믿는 것이다.

이런 믿음이 잘못된 것이라는 진리를 깨친 사람들은 그 깨달음을 조용히 활용한다. 정계에서 누군가가 특정 주제에 관해 어떤 일을 하지 못하도록 방해하고 싶은가? 그럼 전문위원회나 정치재단, 학술 연구소에 의뢰하여 '객관적인' 처리를 부탁하면 된다. 그것으로 그 주제는 확실하게 소멸한다. 우리의 일상에서도 타인의 관심사를 소멸시키는 비슷한 전략이 있다.

하지만 이 사람들조차 이 진리를 알고 있다는 것을 남들이 눈치채지 못하게 조심한다. 객관성이 없다고, 공정함이 없다고 말하는 것은 엄격한 금기이기 때문에 자기도 모르는 척하고, 자기도 믿는 척한다. 그렇게 우리는 악순환에 빠져들어 헛된 기대를 품게 되고, 그 기대가 어긋나면 깜짝 놀란다. 노련한 전문가라고 해서 절대 예외가 아니다.

---

선거 직전이었다. 선거 후보들은 선거전을 치르면서 온갖 단체와 조직 들과 접촉했다. 그런 와중에 경험이 많은 동료 한 사람이 당선 가능성이 높은 한 후보를 만났다. 동료는 지난 몇십 년 동안 로비스트로 활동했던 사람이었다. 평생 그것 말고는 다른 일을 해본 적이 없었다. 그래서 척 보면 상대의 성격과 약점을 한눈에 꿰뚫기로 소문이 나 있었다. 경험도 풍부했고 배울 점도 많았기에 나는 우리 업계의 관례를 깨고 그에게만은 꼬박꼬박 존댓말을 했다.

그런데 당선 가능성이 높은 유력 후보를 만나고 돌아온 그의 표정이 영 어두웠다.

"평생 살면서 그렇게 경제에 관심이 없는 후보는 또 처음 봤네. 자기 권력밖에는 아무것도 생각하지 않아."

나는 그에게 이렇게 대답했다.

"아마 많이 보셨을 겁니다. 다만, 다른 사람들을 그런 점을 잘 숨겼던 거겠지요."

## 토론과 논리가 무의미한 이유

우리 모두가 너무나 객관적으로 논리를 주장하기 때문에 정치에서건, 지극히 평범한 일상에서건 똑같은 결과를 초래한다. 즉, 토론을 '독립'시키는 것이다. 각자가 올바른 해결책, 더 나은 논리를 상대에게 납득시키려 학술 토론의 장을 연다. 모두가 자신의 논리가 최고라고 생각한다. 95퍼센트는 토론을 한 뒤에도 여전히 그렇게 생각해서, 이 게임은 끝을 모르고 계속된다. 그래서 논리가 도달하는 곳은 소망의 달성이 아니다. 모두가 희망에 부풀어 자기 연설문을 읽어대지만 아무도 듣지 않는 토론 클럽이다.

기업들은 그럴 만한 가치가 있다고 생각했다. 그래서 그 대단한 돈을 지불할 각오가 되어 있었다. 자신의 요구를 과학적 중립성으로 포장하고 싶을 때, 자신의 의견이 학문적으로도 옳다는 사실을 서류로 입증하고 싶을 때 로비스트는 학자에게 의견서를 의뢰한다.

당시의 사안은 통신기록 저장이었다. 유럽연합이 모든 통신 및 인터넷 기업에 누가 언제 누구와 얼마나 오래 통화를 했는지, 그 기록을 몇 달 동안 저장하라고 강요했던 것이다.

이런 요구는 기업에는 막대한 비용을, 고객에게는 사생활 침해를 의미했다. 사회적 합의가 도출될 리 만무했다. 정보기관과 경찰을 빼면 실제로 아무도 동의하지 않았다. 우리 역시 반대의 목소리를 높였다. 하지만 얼마 전 다시 큰 사건이 발생했고, 어떤 정치인도 다음 사건이 터졌을 때 그가 나서서 통신기록 저장을 반대했기 때문에 이런 일을 막지 못했다는 비난을 듣고 싶어 하지 않았다. 어쩔 수 없이 우리는 유명한 법학과 교수에게 의견서를 부탁했다. 기업이 국가의 의뢰로 고객의 뒤를 캐는 것은 위헌이 아닌가? 더구나 그 비용까지 부담해야 한다니 이게 무슨 말인가? 자동차 제조사가 국가에 무료로 경찰차를 제공하던가? 통신사는 당연히 그 비용을 고객에게 전가할 것이고, 그렇게 되면 고객은 사생활 침해를 받으면서 그 침해를 위한 비용까지 부담해야 하는 꼴이 된다.

교수는 승낙했다. 페이지당 1000유로였다. 양쪽 여백을

넉넉하게 잡고 한 줄씩 건너뛰는 형식이었다. 20페이지에 2만 유로면 법률 의견서로는 정상적인 가격이었다. 어쨌든 그가 내린 결론은, 유럽연합이 계획 중인 통신기록 저장은 헌법에 위배된다는 것이었다. 특히 기업이 그 비용을 스스로 부담해야 한다면 그것이야말로 헌법에 위배되는 사안이라고 했다.

당연히 우리는 그런 결과를 사전 계약으로 합의한 적이 없었다. 학문은 자유가 필요한 법이고, 교수는 많은 문제점을 검토한 뒤 자신이 옳다고 생각하는 답변을 했을 뿐이었다. 만일 다른 결론을 내렸다고 해도 그는 돈을 받았을 것이다. 우리는 그 의견서를 서랍에 집어넣고 기업에 돈을 청구했을 테지만.

하지만 이 연구 결과는 우리의 목적을 위해 사용할 만했다. 우리는 서둘러 해당 부처와 약속을 잡았다. 담당자는 차관보였다. 차관보는 차관보다 한 단계 아래이고 장관보다는 두 단계 아래인 사람이다. 부처의 정치적 실무는 그에게서 시작된다. 모든 문제에서 그의 목소리가 중요하다.

우리는 그 유명 법과대학 교수의 의견서를 내밀며 당당하게 결론을 통보했다.

"법안이 헌법에 위배된다는 내용입니다."

"당연히 그렇겠지요."

차관보가 냉랭한 목소리로 대답했다. 그리고 그 비싼 20페이지짜리 서류를 눈길 한 번 주지 않고 서류 정리함에 집어넣었다.

이게 어찌된 일일까? 토론은 이미 독립하여 제 갈 길을 가버렸다. 논리는 명확했다. 한쪽에선 공공의 안전, 다른 쪽에선 사생활 보호와 비용을 문제 삼았다. 양쪽 모두 자기 논리만 반복했다. 반복하고 또 반복하고, 지금까지도 여전히 그러고 있다. 많은 사회단체가 힘을 합친 덕분에 유럽연합이 원래의 통신 기록 저장 계획을 상당히 축소하기는 했다. 하지만 결국 법안으로 확정된 내용에 포함된 감시와 규제는 과도했다. 그러니 이후에도 같은 토론은 계속되었다. 처음에는 독일 의회에서, 그다음에는 법원에서, 마지막에는 유럽연합 법원에서. 지금까지도 당시의 모든 관계자는 지치지도 않고 계속 똑같은 논리를 반복하며 쉬지 않고 새로운 의견서를 증거 자료로 제출한다.

이 과정에서 상대의 논리나 의견서에 감동하여 의견을 바꾼 사람이 있을까? 당연히 없다. TV 토론에서건 의회의 토론에서건 한 번이라도 누군가 마지막에 이렇게 말하는 장면을 본 적이 있는가?

"좋아요. 그쪽 의견에 설득당했습니다. 제가 틀렸습니다."

일상생활에서 누군가 당신에게 이런 말을 한 적이 있는가? 당신은 얼마나 자주 이런 말을 하는가? '토론의 독립' 현상을 너무나 많이 겪는 가장 대표적인 경우가 남녀관계다.


**여자:** 그 더러운 양말 세탁기에 집어넣으라고 몇 번을 말했어?

**남자:** 이 집에 당신 혼자 살아? 나는 양말 아무 곳에나 벗어 놔도 사는 데 지장 없거든?

**여자:** 나는 지장 있어. 여기가 돼지우리야?

**남자:** 왜 그렇게 피곤하게 살아? 당신이 장 보러 가서 또 중요한 거 빼먹고 왔다고 해서 내가 언제 저녁 내내 잔소리한 적 있어?

**여자:** 중요한 물건? 당신 먹는 땅콩과자? 그거 건강에 해로워. 당신은 장 보러 가면 하나도 안 까먹어?

**남자:** 당신이 드시는 초콜릿은 몸에 좋나 봐?

**여자:** 양말 세탁기에 넣는 데 30초도 안 걸리거든?

**남자:** 초콜릿은 건강에 좋냐고?

**여자:** 내 말 듣고는 있는 거야?

너무나 익숙한 광경 아닌가? 수많은 커플이 수십 년 동안 똑같은 논쟁을 벌이고, 똑같은 주제에 대해 똑같은 논리를 주고받는다. 그 누구도 자신이 원하는 것을 얻어내지 못하면서도 말이다.

한편, 회사에서는 주로 이런 대화가 펼쳐진다.

**직원:** 조금 더 책임 있는 일을 맡고 싶습니다.

**상사:** 지금은 적당한 일이 없네. 그러니 현재로서는 지금 업무에서 조금 더 자발적으로 창의력을 발휘해주는 것이 좋겠네.

**직원:** ○○ 프로젝트의 성공엔 제 역할이 컸습니다. 매출도 급성장했고요. 지난번 면담 때 이번에는 연봉 인상에 대해 구체적으로 이야기해보자고 말씀하셨습니다.

**상사:** 물론 나더러 결정하라면 자네 연봉 당장 올려주지. 하지만 사내 연봉 체계라는 것이 있네. 자네는 이미 상당히 많이 받고 있어. 동료들이 불공평하다고 하면 내가 할 말이 없지 않겠나.

**직원:** 작년에 제가 평균 이상으로 성과를 냈다고 생각합니다. 그렇다면 회사 쪽에서도 뭔가 보상이 있어야 하지 않겠습니까?

**상사:** 올해는 도저히 예산이 모자라 안 되지만 내가 다 파악하고 챙기고 있으니 우리 내년에 다시 한번 이야기하세.

(똑같은 대화는 내년의 내년, 그 내년에도 계속된다.)

물론 토론의 독립이 꼭 나쁜 것만은 아니다. 많은 사람이 정기적으로 같은 문제를 같은 사람과 같은 논리로 토론하면서 다시, 또다시 자신의 입장을 설명하고 자신이 옳다고 생각하는 것을 즐긴다. 모두들 판정승을 거두고 싶은 것이다. 가능하다면 관객이 있는 곳에서, 안 되면 부엌이나 사무실에서 둘만의 결투로.

쇼펜하우어Arthur Schopenhauer는 19세기 초 《토론의 법칙The Art of Being Right》에서 토론에서 판정승을 거둘 수 있는 방법들을 소개했다. 만일 당신의 인생 목표가 그것이라면 꼭 이 책을 읽어보아야 한다. 하지만 쇼펜하우어조차 제아무리 언변이 뛰어난 사람도 상대의 의견을 바꿀 수는 없다는 진리를 인정했다.

토론을 좋아하는 사람은 말하고자 하는 욕망이 강한 사람들만이 아니다. '인지 욕구Need for cognition'라는 이름의 인격 특징이 강한 사람들도 토론을 즐긴다. 계속해서 어떤 일에 대해 고민하고 분석하는 것을 즐기는 경우다.

다 좋다. 시간이 남아돈다면 토론은 시간 때우기에 더없는 놀이다. 다만, 그 방법으로 원하는 것을 얻을 수 있다는 믿음은 버려야 한다. 결과는 오히려 정반대다. 반대 의견으로 상대를 설득하려 하면 할수록 당신은 상대의 입장을 바꾸겠다는 애초의 목표에서 점점 더 멀어질 것이다.

이유는 두 가지 심리 효과 때문이다.

첫 번째는 '태도 면역Attitude inoculation'이다. 면역이라는 것이 무엇인가? 이물질을 적당량 접촉하여, 그 이물질이 강한 공격을 해올 때를 대비한 면역물질을 갖춘 상태다. 그러므로 나와 견해가 다른 주변의 침공에 대비하는 제일 좋은 방법은 나의 태도와 정반대의 성향을 띠는 신문을 구독하는 것이다. 그러고 나서 토론을 해보면 그 방법이 얼마나 도움이 되는지, 그동안 백신 접종을 통해 얼마나 면역이 되었는지 금방 확인할 수 있다. 반대 논리와 자주 접할수록 면역력도 높아진다. 금방 상대의 논리가 전혀 들리지 않는 경지에 오른다.

두 번째는 '소유 효과Endowment effect'다. 같은 물건도 상대의 것일 때보다 내 것일 때 훨씬 가치가 높다고 착각하는 현상이다. 실험 참가자들을 두 집단으로 나눈 뒤 한쪽에게 찻잔을 선물하고 그 가격이 얼마나 되겠느냐고 물었더니, 찻잔을 보여주기만 한 집단보다 무려 두 배 높은 가격을 불렀다고 한다.

그런데 황당한 사실은 그 소유 효과가 물건에만 해당되는 것이 아니라 견해나 입장에도 통한다는 것이다. 우리가 한 번 내 것으로 받아들인 의견은 도저히 결별하고 싶지 않을 정도로 가치가 있어 보인다. 실험에서 참가자들은 그들의 견해가 실수로 잘못된 정보를 바탕으로 형성된 것이라고 알려주어도 끝끝내 자기 입장을 고집했다. 하다 하다 안 되면 논리를 포기하고도 자기 생각을 고수했다. 이를 두고 심리학에서는 '버티기 효과Perseverance effect'라고 부른다.

그러므로 대부분의 경우에서 논리는 아무런 결과를 낳지 못한다. 한 가지 예외의 경우만 빼면. 이 예외란 바로 인지 요인에 기초한, 다시 말해 정보나 고민, 숙고를 통해 형성된 상대의 태도를 바꾸려고 할 때다. 이럴 때는 어떤 논리가 통할까? 다음 장에서 이에 대해 알아보기로 하자.

# 상대의 숨겨진
# 욕망을 건드려라

흔히 '레드 아이 플라이트Red eye flight'라고 불리는 야간 비행을 해야 할 때였다. 베를린의 언론계와 정계 인사가 우르르 베를린 공항 출국장으로 쏟아져 나왔다. 말 그대로 레드 아이, 즉 빨갛게 충혈된 눈을 하고서. 새벽 5시 30분이었다. 대부분이 새벽 4시 무렵에 기상했을 것이다. 다들 영국의 리버풀로 가는 길이었다. 기업의 로비스트, 단체 대표, 연방의회 의원과 보좌관, 기자뿐 아니라 당연히 각 부처를 대표하는 담당자, 부장, 국장, 심지어 차관보까지 끼어 있었다. 모두 같은 저가 항공사의 같은 비행기에 올랐다. 대기업들조차 경비 절감을 외치는 시대인

만큼 돈을 아껴야 했기 때문이며, 그 이른 시간의 비행편이 유일한 직항 항공기였기 때문이다.

리버풀에서 유럽연합 위원회가 언론 정책에 관한 회의를 개최했다. TV는 시간당 몇 분의 광고를 송출해도 좋은가? 인터넷에 어떤 청소년 보호 규정을 적용할 것인가? 전 유럽에 해당되는 규정인가? 그런 문제들을 다룰 예정이었다. 그래서 온 유럽이 그 회의에 참석하기 위해 길을 나선 것이었다.

결정에 따라 기업의 막대한 돈이 왔다 갔다 할 것이었다. 광고를 많이 할 수 있으면 수익이 늘 것이다. 인터넷에 청소년 보호를 위해 비싼 필터 장치를 깔아야 한다면 수익이 줄어들 것이다.

다른 사람들은 무슨 이해관계가 걸렸을까? 정치인들, 정부 관료들, 청소년보호 단체와 소비자단체는? 기자들은? 모두에게 이해관계가 얽힌 회의였고 각자 원하는 것이 달랐다.

모두가 주머니에 나름의 요구 사항을 챙겨 넣고 비행기를 탔다. 그 요구 사항을 관철시키는 것이 최대의 관건이었다. 그러니 다른 사람들이 무엇을 원하는지에는 관심이 있을 수가 없었다.

로비스트의 1차 수단은 말이다. 공식적으로는 그렇다. 로비스트는 자기가 대하는 기업이나 업계의 이해관계를 말이나 글로 표현한다. 공식적인 입장 표명이나 장관 및 의원에게 보내는 편지에서는 글로, 공개 청문회나 의회 위원회 회의에서는 말로 한다. 또 결정권이 있는 사람들과 개별 면담을 갖기도 한다.

객관적인 논리가 결정적인 영향력을 갖는 것이 아님에도 논리는 연막탄이다. 논리 개진이란 소위 '민주적 절차'의 일환이므로 모두가 원하는 공식적인 토론에 빠지지 않는 단골손님이다. 물론 '공식적인 토론'은 진짜 설득 작업이라기보다는 시범 연기와 공적 활동에 더 가깝다. 하지만 시범 연기와 공적 활동 역시 민주적 절차의 일부이기에 너도나도 앞장서 이 게임에 참여한다.

사정이 그러하므로 나는 그날 밤 비행 중에도 나름의 입장 표명을 지참했다. 무려 24페이지에 달하는 의견서였다. 우리는 계획 중인 규정에 반대하는 논리를 상세하게 설명했고 대안을 제시했다. 그리고 그 입장을 우리의 인터넷 사이트에 게재했다. 모든 의견서 공개는 그렇게 한다. 많은 기업이 자체 인터넷 사이트를 구비하고 있고 거기에 각자의 정치적 입장을 밝힌다. 어떤 로비스트가 누구를 위해 싸우는지는 비밀도 아니고 기습적으로 알릴 일도 아닌 것이다.

그날 나는 노력 끝에 중요한 해당 부처 관료의 옆자리를 쟁취했다. 우선 가벼운 주제로 대화를 시작했다. 날씨와 리버풀, 비행에 대한 수다였다. 그러면서 가방에서 의견서를 꺼내 그에게 전달할 절호의 기회를 엿보고 있었다. 하지만 갑자기 그가 서류 가방을 열더니 산더미 같은 의견서들을 꺼내기 시작했다. 일거리를 들고 비행기에 오른 것이다.

'다른 이익단체들의 의견서로군.'

그런데 그가 빠른 속도로 종이를 획획 넘겼다. 얼굴이 점점 어두워지더니 결국 입에서 불만이 터져 나왔다.

"이 사람들은 무슨 생각으로 이런 두꺼운 의견서를 들이밀어 나의 귀한 시간을 도둑질하는 걸까요? 자기들 문제가 뭔지, 내가 자기들을 위해 무엇을 해주기를 바라는지 왜 구구절절 설명을 하는 걸까요? 왜 내가 그런 것에 관심을 쏟아야 합니까? 나는 내 일을 하러 왔지 그 사람들의 소원을 들어주려고 온 게 아니잖습니까!"

뜨끔했다. 나는 빨개진 눈으로 의견서를 가방에서 꺼내지 않기로 결심했다. 그 역시 꺼냈던 의견서들을 주섬주

섬 다시 가방에 집어넣었다.

그날 아침 우리는 계속 비행에 대한 이야기만 나누었다.


앞서 1장에서 보았듯이 논리를 통해 바꿀 수 있는 태도도 있다. 논리를 통해 탄생한, 다시 말해 인지 요인을 거쳐 탄생한 태도다. 인지 요인은 주로 어떤 주제가 구체적으로 상대에게 해당이 될 때, 그러니까 그 주제가 직접 개인적인 영향을 줄 때 활성화된다. 로비스트들은 그런 타깃이 되는 사람들을 '이해당사자Stakeholder'라고 부른다. 영어로 'be at stake'는 '~가 걸려 있다'는 뜻이다.


## 뇌가 반응하는 논리는 따로 있다


재미있는 실험 결과가 있다. "어떤 TV를 사는 게 좋을까요?"라는 질문은 "어떤 정당을 찍는 게 좋을까요?"라는 질문보다 인지 요인을 더 강하게 활성화한다는 것이다.

이제 당신이 TV를 사러 간다고 상상해보자. 전자제품 대리점에 들어가자 갑자기 한 판매원이 다가와 말을 시작한다. "여기 이 TV를 사세요. 판매원에게 돌아가는 수당이 제일 높은 제품이거든요. 사실 저는 이혼한 아내에게 두 아이의 양육비를 지불해야 하는 처지랍니다. 이 TV 제조사 역시 이번 분기에 매출액을 더 올려야 하지요. 최소 12퍼센트는 더 올려야 합니다. 안 그러면 이사회에서 난리를 칠 겁니다. 여기 이 매출 예상액을 보세요. 그러니까 고객님께서 다른 회사 제품을 사시거나 아예 TV를 안 사시면 이 회사 직원들의 모가지가 잘릴지도 모릅니다. 또 우리 매장은 신상품을 진열할 자리가 부족해서 이 TV를 빨리 팔아야 하지요. 이 TV를 사시면 기술 발전에도 큰 기여를 하시는 겁니다. 이 제품에는 최신 슈퍼OO HDTV 퓨처OO이 장착되어 있습니다. 분명 향후 10년 안에는 꼭 보편화될 기술이에요. 고객님의 결정에 가장 중요한 점들을 뽑아 여기 이 팸플릿에 정리해놓았습니다.”

당신은 어떤 반응을 보일까? 좋아요, 그걸로 하죠? 아마 이러지는 않을 것이다. 대부분의 사람은 당황한 채 그를 쳐다보면서 속으로 이런 생각을 할 것이다. ‘이 사람이 나한테 왜 이러지?’

그는 당신의 이 의문을 풀어줄 이유를 정확히 설명했다. 그는 자신이 원하는 바를 아주 명확히 알고 있고, 그것을 아주 확실하게 말했다. 자신의 소망을 아주 잘 설명하고 논리를 훌륭하게 펼쳤다. 더구나 그가 택한 주제는 우리가 인지 요인을 거쳐 태도를 형성하는 그런 주제이며, 우리의 뇌가 근본적으로 논리를 환영하는 그런 주제다. 하지만 당신에게 그의 논리는 전혀 설득력이 없을 것이다.

그렇다면 우리의 뇌가 듣고 싶어 하는 논리는 어떤 것인가?

근본적으로 논리는 세 가지 그룹으로 나눌 수 있다. (겉보기에) 중립적인 논리, 내 관점에서 본 논리, 상대의 관점에서 본 논리.

구체적으로 자신에게 해당되는 주제, 실질적인 이익 또는 손해가 확실시되는 주제에서 인지 요인이 활성화한다면 어떤 논리가 통할지도 100퍼센트 명확하다. 자신이 보기에 이익이나 손해가 분명한 논리다. 그 밖의 논리는 전혀 안 통한다.

물론 그런 경우에도 상대가 결과에 전혀 개의치 않으며 올바르고 객관적인 논리로 설득될 것이라고 믿고 싶을 것이다. 하지만 상대는 어떤 문제에 대해서도 나름의 입장을 갖고 있다. 예를 들어, 회사의 상사는 당신의 연봉을 20퍼센트 인상하느냐 하는 문제에 '결과에 전혀 개의치 않고' 접근하지 않는다. 자동차 영업사원은 할인을 많이 해달라는 당신의 부탁을 '결과에 전혀 개의치 않고' 듣는 것이 아니다. 시험이 끝나고 친구와 놀러 가도 되냐고 묻는 당신의 열두 살짜리 딸은 '결과에 전혀 개의치 않고' 당신과 토론을 벌이는 것이 아니다.

그러니까 논리가 태도의 변화를 일으킬 수 있는 유일한 경우에도 객관적인 논리로는 아무것도 달성하지 못한다. 객관적인 논리가 소용이 있는 경우는 하나도 없는 것이다. 그런데도 우리는 객관적으로 논리를 펼치려 노력한다. 그것 자체도 아무 도움이 안 되는데, 거기서 그치지 않고 스스로 객관적 논리를 펼친다고 믿어 상황을 더 악화시킨다. 사실은 자신의 요구를 자신의 시점에서 정당화할 뿐인데도 말이다.

정신이 똑바로 박힌 판매원이라면 절대로 앞에서 든 예와 같은 전략을 선택하지 않을 것이다. 그런데 아마추어 판매원인 우리는 일상생활에서 어떤 행동을 하는가? 바로 앞의 예와 똑같은 말을 하며 그것이 정당하다고 믿는다.

우리의 일상생활은 이런 문장들로 가득하다.


· 귀가 아파 죽겠어. 좀 조용히 할 수 없어?
· 스페인에서 교환학생으로 독일에 온 여학생이 값싼 방을 찾습니다. 돈이 별로 없어요. 도와주실 분 안 계신가요?
· 다음 달엔 복직을 해야 해요. 그러니까 어린이집에 꼭 자리가 나야 해요.
· 저를 뽑아주시면 귀사에서 저의 도전의식을 멋지게 발휘하겠습니다.

- 치통이 너무 심한데 순서 좀 바꿔주시면 안 될까요?
- 출구. 주차금지

지금 이 문장들을 읽다 보면 과연 이런 말을 하는 사람들이 남과 어울려 살 마음이 있기나 한지 의문이 들 것이다. 하지만 당신 역시 이런 말들을 수시로 내뱉고, 늘 이런 식의 화법을 사용한다. 그러면서도 그 사실을 깨닫지 못한다.

## 우리는 모두 자기중심적이다

어떤 일이건 관건은 바로 '나'다. 이런 믿음이 우리의 뇌 깊은 곳에 각인되어 있다. 심리학에서는 이를 두고 '자기중심주의Egocentrism'라고 부른다. 우선은 모든 것을 자신의 관점에서 바라보는 것이 우리의 표준 작업방식이라는 소리다. 때로는 영원히 이 작업방식에 머물러 있기도 한다.

아이들은 자기중심적으로밖에는 생각할 줄 모른다. 유명한 발달심리학자 장 피아제Jean Piaget의 '세 산 실험Three-Mountain Task'이 입증한 사실이다. 어린아이들에게 높이가 다른 세 개의 산이 있는 풍경을 보여주고 물었다. "뭐가 보이니?"

아이들은 이렇게 대답했다. "작은 산, 중간 산, 아주 큰 산이요." 피아제는 제일 높은 산꼭대기에 인형을 앉혀서 아래를 내려다보게 만들었다. 그 뒤 다시 아이들에게 물었다. "인형은 뭐가 보일까?" 아이들은 대답했다. "작은 산, 중간 산, 아주 큰 산이요."

인형의 입장에서는 가장 높은 산 위에서 아래를 내려다보기 때문에 두 개의 작은 산 밖에 안 보일 것이다. 하지만 아이들에겐 자신과 다른 입장을 상상할 지적인 능력이 없다. 따라서 마트에서 떼를 부리는 아이에게 이렇게 말해봤자 아이는 절대로 이해하지 못한다. "그만 좀 울어라. 엄마가 얼마나 난처하겠니?"

훗날 나이가 더 들면서 아이들은 서서히 그런 능력을 익힌다. 어쨌든 머리로는 자기중심주의를 극복할 수 있는 것이다. 하지만 자기중심주의는 우리 마음 저 깊은 곳에서는 죽을 때까지 표준 작업방식으로 남는다. 우리의 뇌가 너무 게으르기 때문이다. 이 사실은 나중에 다시 다룰 것이다.

우리의 뇌는 여러 가지 가능성이 있으면 제일 일을 적게 해도 되는 쪽을 택한다. 우리가 의도적으로 개입하여 뇌에게 다른 노선을 제시할 경우엔 이야기가 달라지겠지만, 그러자면 표준 작업방식에서 벗어나는 모든 것이 그러하듯 많은 노력과 주의가 필요하다. 우리의 뇌는 자동항법 장치를 좋아한다. 그리고 자기중심주의는 바로 이 장치의 일부다. 그래서 우리는 시도 때도 없이 자기중심주의의 덫에 걸려들고 만다.

최근 한 친구가 나에게 입사 지원서를 한번 봐달라고 부탁했다. 여러 회사에 원서를 넣었지만 매번 면접에도 가보지 못하고 서류전형에서 떨어진다면서 말이다. 나는 이유가 궁금했다. 그는 정말 자질이 뛰어난 사람이기 때문이다. 그래서 그의 지원서를 살펴보았다. 다음에 소개하는 것이 그의 지원서다. 이 지원서를 본 여러 인사 담당자의 머릿속에는 괄호 안의 말이 스치고 지나갔을 것이다.


안녕하십니까?

제가 지원한 귀사의 법무팀 팀장직은 저를 위한 맞춤 자리인 것 같습니다.

(우리 회사를 위해 태어났다는 거야 뭐야?)

저는 진즉부터 명품을 만드는 기업에서 일하고 싶었습니다.

(우리 기업의 목표는 명품 제작이 아니라 어린이들의 마음을 사로잡는 건데.)

퀼른과 제네바에서 법학 공부를 하던 당시 저는 유명한 시계 제조사에서 아르바이트를 했습니다. 그곳에서 아름다운 물건을 만들면 마음이 꽉 채워질 것 같은, 정말 행복해질 것 같은 느낌을 받았습니다.

(어, 그럼 월급 안 줘도 되겠네. 돈 안 받아도 완전 행복할 테니까.)

졸업 후 보험회사에 입사했습니다. 하지만 제가 원하는 직장이 아니었고, 빨리 나오고 싶었습니다.

(흥미로운걸. 그래서 어떻게 되었지?)

그 뒤 다행히 가구회사에 입사를 했습니다.

(하, 맥 빠지는군.)

그곳에서 사 년 동안 열심히 일했습니다. 자기 계발에도 소홀하지 않아서 견문을 넓히고 경험을 쌓았습니다.

(세 가지를 동시에? 놀랄 노자네.)

귀사에서 일할 수 있다면 그 시간은 아마도 제 인생의 하이라이트가 될 것입니다. 어린 시절부터 테니스를 열심히 쳤기 때문에 저는 스포츠 컬렉션이라면 자신이 있습니다. 귀사의 법무팀에서 일하게 된다면, 제가 좋아하는 제품의 생산에 기여하는 동시에 대학 시절 전공했던 상표권 및 독점규제법 관련 지식을 한껏 활용할 수 있는 기회가 될 것입니다.

(이런! 테니스를 배운 게 헛되지 않도록 실내 테니스장이라도 지어드려야 하나?)

면접을 통해 저의 넘치는 의욕을 직접 보여드릴 기회를 주십시오. 더없는 영광으로 생각하겠습니다.

(됐네, 이 사람아.)

"유복하지는 않지만 화목한 가정에서 자랐고, 취미는 독서와 음악 감상이며, 학창 시절에는 줄곧 개근상을 탔고……" 같은 하품 나는 지원서에 비하면 그의 글은 신선하고 파격적이다. 또 지원자에 대한 중요한 정보도 담겨 있다. 지원자가 그 자리에 적합한 스펙을 쌓았으며, 기업의 제품을 이미 잘 알고 있고 또 개인적으로 좋아하며, 직무에 필요한 직업적 경험을 갖추었다는 사실을 잘 설명했다.

문제는 표현이다. 이 지원서의 표현은 인간이 어떻게 움직이는지를 보여주는 교과서와 다름없다. 우리는 항상 자신의 입장에서 출발한다. 지원서를 흔히 '지원 동기서'라고 부르는 것도 이유가 있다. 하지만 그런 식의 표현은 치명적인 오해를 낳는다. 지원의 최고 목표가 지원자의 동기를 확실히 입증하는 것이라는 오해 말이다.

이 지원서가 예외였다면 굳이 여기 소개하지도 않았을 것이다. 세상 모든 인사 담당자에게 물어보라. 한입으로 말할 것이다. 그런 입사 지원서에 신물이 났다고. 안타깝지만 이것이 현실이다. 입사 지원서만 그런 것이 아니다. 타인에게 무언가를 얻고자 할 때 우리는 늘 지원 동기서를 쓰고 자신의 동기에 대한 '연설'을 한다.

## 스포트라이트에 눈이 멀면 안 된다

무언가가 당신에게 중요한 이유를 타인에게 설명하는 일이 그렇게 해로운 것일까? 물론 그렇게 해롭지는 않다. 어쨌든 항상 해로운 것은 아니다. 이런 행동은 타인이 당신의 상황을 이해하도록 하고 당신의 행동 동기를 파악하도록 도와준다. 상대는 자신이 이런저런 일을 하면 당신의 행복에 크게 기여할 수 있으리라는 사실을 이해할 것이다. 다만, 문제는 이런 설명으로는 그에게 당신의 행복에 기여하고자 하는 충동을 일으키지 못한다는 것이다.

우리 주변 사람들 역시 우리와 똑같이 자기중심주의에 빠져 있다. 그들은 하루 종일 자신이 무엇을 원하고 필요로 하는지 생각한다. 타인이 무엇을 원하는가에 대해서는 제아무리 아름답게 포장된 정보에도 별 관심을 보이지 않는다.

다른 사람도 모두 자기 자신과 자신의 문제에 골몰하고 있다는 사실을 우리는 너무 쉽게 잊어버린다. 하루 종일 불안에 떨며 생각한다. '다른 사람들이 나에 대해 어떻게 생각할까?' 그런데 안타깝게도 그 다른 사람들 역시 '다른 사람들이 나에 대해 어떻게 생각할까?' 하며 고민하고 있다. 그래서 타인에 대해서라면 정말 난감한 일도 전혀 눈치를 채지 못한다.

우리는 온 세상이 집중 조명을 비추듯 나를 보고 있다고 생각한다. 하지만 세상 그 누구도 우리에게, 우리의 문제와 소망에 크게 신경 쓰지 않는다. 심리학에서는 이런 현상을 두고 '스포트라이트 효과Spotlight effect'라고 부른다. 다른 사람들이 우리에게 쏟는 관심을 지나치게 과대평가하는 것이다. 스포트라이트 효과는 실험을 통해 여러 차례 입증된 바 있다.

나는 강연을 할 때마다 매번 이런 실험을 해본다. 참가자들 사이에 한 사람을 몰래 들여보낸다. 그의 셔츠에는 커다랗게 치약 자국이 묻어 있다. 지름이 대략 5센티미터 정도나 된다. 시간이 조금 지나면 나는 참가자들에게 묻는다. "오늘 아침 출근길에 셔츠를 보다가 치약 자국이 크게 나 있는 걸 발견했다면 어떤 기분이 들까요?" 대답은 한결같다. "하루 종일 모두가 그것만 쳐다보는 것 같아서 부끄러울 거예요." 그럼 다시 묻는다. "오늘 여기서 그런 치약 자국을 묻히고 온 사람을 본 적이 있습니까?" 거의 대부분이 없다고 대답한다. 바로 자기들 옆에 내가 몰래 들여보낸 그 사람이 앉아 있는데도 말이다.

이렇듯 우리는 하루 종일 자기 자신에게만 집중하고 있다. 대기업의 고객 서비스 센터 역시 상대(고객)가 원하는 것이 무엇인지, 진짜 문제가 무엇인지에는 도통 관심이 없는 사람들이 모인 집합소다. 고객의 이야기를 받아 적으며 고개를 주억

거리지만 절대 고객이 원하는 것을 해주지는 않는다. 심지어 고객의 꼭지를 돌게 만드는 재주도 있다. 다들 경험이 있을 것이다. 서비스 센터에 전화를 걸면 자동응답기가 받아서 1번을 눌러라 2번을 눌러라 하며 사람 속을 뒤집는다. 나중에는 자동응답기가 시키는 대로 따라가느라 넋이 빠져서 왜 전화를 걸었는지조차 잊어버린다. 그럴 때마다 의문이 든다. 이 세상엔 정말 내 말을 제대로 들어주는 사람이 하나도 없는 걸까?

공정함을 잃지 않기 위해 말해두자면, 이것은 '오른손이 하는 일을 왼손이 모르는' 대기업만의 문제가 아니다. 사장님 혼자 굳은 일 험한 일 다 하는 작은 회사라고 해서 한 치도 더 낫지 않다.

햇살 좋은 오월의 어느 날, 나는 뮌헨의 빅투알리엔 시장에 가서 싱싱한 선갈퀴를 찾았다. 그날 저녁 친구들을 불러 메이 와인(알자스, 모젤, 라인 등지에서 생산된 포도주에 허브의 일종인 선갈퀴를 넣고 풍미를 낸 펀치_옮긴이)을 마실 예정이었다. 나는 가게 주인에게 내 의도를 명확하게 설명하려 노력했다.


**나:** 잘 익은 큰 선갈퀴가 필요합니다. 오늘 저녁에 메이 와인을 만들려고 하거든요.

(주인은 계산대 밑에서 화분 한 개와 가느다란 나무줄기 하나를 꺼냈다.)

**주인:** 이건 여기다 심으면 됩니다.

**나:** 네? 아니, 키우겠다는 게 아니라 메이 와인을 만들 거예요.

**주인:** 잘 자랍니다. 내년이면 메이 와인을 만들 수 있을 거예요.

**나:** 오늘 저녁에 친구들을 초대했다니까요.

**주인:** 정원이 정말 아름다워질 거예요. 정원 땅바닥을 다 덮어버리거든요.

**나:** 아, 네. 감사합니다. 한 번 더 둘러보고 오지요.

(주인은 생각에 잠긴 듯 작은 식물을 쳐다보더니 중얼거렸다.)

**주인:** 그러시든가요······.

타인이 이런 식으로 행동하면 그것이 얼마나 황당한 행동인지 금방 알아차린다. 하지만 자신이 그럴 경우에는 깨닫지 못한다. 지난 몇 년 동안 학계에서는 이 문제의 해결책을 열심히 연구했다. 다음 장에서는 이에 대해서 살펴보기로 하자.

# 상대조차 모르게
# 상황을 리드하라

"술잔 내려." 사진 기자들이 플래시를 터트리자 누군가 급박하게 속삭였다. 우리는 활짝 웃으며 카메라를 쳐다 보았다. 브란덴부르크 문이 보이는 넓은 창을 등지고서. 친분 있는 단체가 간담회를 열었다. 정치인들이나 우리 업계의 로비스트들이 그날 저녁 베를린에서 참석할 수 있는 네 개의 행사 중 하나였다.

네 장소 모두에 얼굴을 비추는 사람도 있었고, 한 군데에 도 나타나지 않는 사람도 있었다. 집에서 누가 기다리고 있는지, 냉장고에 무엇이 들어 있는지, 얼마나 긴급한 사 안이 있는지에 달린 일이었다. 이곳엔 약 80명의 손님이와 있었다. 수많은 행사가 치열한 경쟁을 벌이는 정치의 현장 베를린에선 제법 많은 숫자다.

그 자리에 새로 일을 시작한 동료가 끼어 있었는데 아직 그런 행사의 기본 규칙을 숙지하지 못했다. 카메라 플래시가 터지면 얼른 맥주잔을 숨겨야 한다는 규칙. 그래야 나중에 그곳이 파티장처럼 보이지 않는다. 사실 그런 행사는 파티가 아니기도 하다.

"밤마다 공짜로 먹고 마시니 얼마나 좋아?"

친구들은 나를 부러워했다. 그 말도 맞다. 하지만 매일 밤 이런 '서비스'를 받으려면 수시로 옷장을 새로 채워 넣어야 한다. 날로 옷의 치수가 늘어나기 때문이다. 게다가 밤마다 똑같은 사람들을 만난다. 그런 곳에 가는 로비스트는 항상 구체적인 사명이 있다. 즉, 특정한 사람에게 특정한 메시지를 '판매'해야 한다. 그러니 불쌍한 정치인들은 늘 똑같은 메시지를 듣게 된다. 모든 참석자에게 마음 편한 저녁 시간이 아닌 것이다.

"나 일하러 가요." 한 동료가 여당 거물 정치인에게로 달려가면서 속삭였다.

대기줄에 서 있는 로비스트들은 서로 잡담을 나눈다. 대기줄에 있다는 것은 자신의 리스트에 올라 있는 중요한 대화 파트너가 지금 딴 사람과 이야기를 나누고 있다는 뜻이다.

결정권이 있는 거물들은 늘 누군가와 이야기를 나누고 있다. 다른 사람들의 대화 중간에 끼어드는 것은 예의에 어긋나며 품위 없는 짓이다. 그래서 우리는 잡담을 나눌 때 서로를 쳐다보지 않는다. 눈은 다음 대화 상대에게 꽂혀 있다. 그가 혼자가 되자마자 무조건 달려간다. 양해를 구할 틈도 없이 대화 도중에 무작정 자리를 뜨지만 우리는 다 이해한다.

똑같은 잡담, 똑같은 사람에 질려 대기줄을 다른 방식으로 견디는 사람들도 생겨났다.

"화장실에 들어앉아 이메일을 작성합니다. 사이사이 밖으로 나와 상황을 살피지요." 한 동료의 고백이다.

나는 방금 달려간 동료의 타깃을 관찰했다. 그 거물 의원은 그날 밤 많은 사람과 대화를 나누었다. 아니, 정확하게 말하면 '대화를 당했다'는 표현이 맞을 것이다. 동료가 달려간 뒤 그 의원의 근처로 이동한 나는 대화 내용을 다 들을 수 있었다.

"우리한테는 그게 중요한 일이라서……" 어떤 이는 이렇게 말했다. "우리의 요구 사항은……" 또 어떤 이는 이렇게 말했다. 대부분 로비스트들의 긴 독백이 이어졌다. 의원은 따분한 표정으로 주변을 살피다가 맥주를 든 웨이터를 손짓으로 불러 세운다. 그의 대화 참여는 "흠", "아"가 전부이다. 그러다가 견디기가 정말 힘들면 "그건 벌써 몇 번이나 말씀하셨잖습니까"라고 살짝 짜증을 내기도 한다.

그날 밤 그 의원은 나의 리스트에도 있었다. 그는 벌써 여러 차례 우리의 입장을 예의 바르게, 하지만 지루한 표정으로 들어주었다. 그사이 나는 생각한 바가 있어서 이번에는 다른 전략을 구사해볼 작정이었다. 그가 자유의 몸이 되자 나는 얼른 다가가 인사를 건네고 대화의 문을 열었다.

"요즘 가장 골치 아픈 일이 뭔가요?"

그가 황당하다는 표정으로 나를 쳐다보았다. 남들의 문제, 남들의 정치적 요구를 들어주는 데 워낙 익숙한 사람이었다. 누군가 자신에게 문제가 무엇인지 묻는 상황이 낯설 수밖에 없었다. 그는 잠시 무슨 말을 해야 할지 몰라 가만히 있었다. 하지만 이내 상황을 파악했다.

"이번에 새로 창당한 신당이 골칫거리지요. 인터넷과 통신망 관련 정책을 줄줄이 내놓고 있는데 호응이 아주 좋거든요. 이러다가는 다음 선거에서 우리가 대패하겠어요."

갑자기 상황이 역전되었다. 그가 독백을 늘어놓고 내가 경청을 했다. 그는 거의 30분을 혼자서 떠들었다. 나는 맥주 한 잔을 더 시켰다. 그리고 계속 그의 말을 들어주었다.

"제가 무슨 도움을 줄 수 있을까요?"

그가 잠시 숨을 고르는 사이 내가 물었다.

"흠, 인터넷과 관련된 가장 시급한 현안들을 서너 가지 골라주면 좋겠네요. 의회위원회에 의제로 올릴 만한 문제들로요. 그동안 열심히 공부를 한다고 했는데 인터넷은 영 적응이 안 되어서. 솔직히 말하면 뭐가 문제인지를 모르겠어요."

다음 날 나는 그에게 짧은 메일 한 통을 보냈다. 내용은 그에게 필요한 몇 가지 주제였지만 사실 우리 협회의 중요한 관심사이기도 했다. 관심사들 중에서 그가 시급하게 필요하다는 통신망 문제와 관련된 것만 골라 뽑았다. 이미 몇 차례나 그에게 요청을 했지만 그가 한 번도 관심을 보인 적 없었던 주제들이었다.

갑자기 모든 상황이 변했다. 그 후 몇 달 동안 그는 우리 협회의 열렬한 변호인으로 돌변했다. 의회위원회에서는 전문가 취급을 받으며 큰소리를 쳤다. 그의 소속 정당 역시 신당과 맞설 만한 정책들을 여럿 내놓았다.

앞서 2장에서 본 전자제품 대리점의 판매원을 기억하는가? 그는 이상한 전략을 썼지만 사실 거의 모든 판매원은 제일 먼저 고객에게 이렇게 묻는다. "무엇을 도와드릴까요? 무엇을 찾고 계세요?" 사실은 자기가 무언가를 원하면서, 사실은 자기가 물건을 판매하려고 하면서 말이다. 판매원들에게는 너무나 당연한 전략인데, 남에게 무언가를 원하는 우리 평범한 사람들은 까맣게 잊고 만다. 타인에게 결정적인 질문을 던지는 것이 우리 뜻을 관철하는 방법이 될 수 있다는 사실을 말이다. 그 결정적인 질문은 바로 이것이다. "당신은 무엇을 원하십니까?"

강연을 시작할 때마다 나는 참가자들에게 역할극을 시킨다. 이를테면, 나한테 휴대전화 같은 물건을 팔아보라고 하는 것이다. 역할극의 시나리오는 이렇다. 우리는 우연히 공항 출국장 앞 의자에 나란히 앉아서 비행기를 기다리고 있다. 참가자는 휴대전화 회사에서 일하는데, 이 기회를 이용하여 낯선 동승객인 나에게 휴대전화를 팔려고 한다. 탑승까지는 1분이 남은 상태다.

거의 모든 참가자가 곧바로 말을 시작한다. 자기 회사의 신형 휴대전화가 얼마나 멋진 기능을 갖추고 있는지 설명을 해댄다. 그러다 보면 1분이 금방 지나간다. 열 명 중 한 명 정도만 먼저 나에게 질문을 던진다. "당신은 누구십니까? 무슨 일을 하십니까? 무엇이 필요하십니까?"

2장에서 우리는 사람들의 자기중심성에 대해 이야기했다. 모두가 세상을 자기 입장에서 보며 거의 100퍼센트의 시간을 자신의 소망, 자신의 문제, 자신의 근심에 쏟는다고 말이다. 인간의 심리는 그렇게 작동한다.

우리가 목표를 달성할 수 있는 길은 인간 심리의 표준 작업 방식을 깨닫는 동시에, 자신을 위해 그 방식을 버리는 것이다. 자신의 자기중심주의를 극복하고 정반대로 돌아서야 한다는 말이다.


## 기적의 약, 공감


자기중심주의의 정반대가 바로 공감이다. 공감이란 '타인의 신발을 신고 걷는 것'이다. 눈 깜짝할 순간이라도 타인의 시각에서 세상을 보는 것이며, 타인의 근심을 이해하고 욕망과 감정을 느끼는 것이다.

최근 들어 다양한 학문 분과가 공감을 그 분야의 주요 주제로 주목하기 시작했다. 리더 자질, 판매 자질, 교육 능력, 파트너 관계, 심리 치료, 사회 지능과 감성 지능의 일부로서 말이다. 많은 이가 공감을 타인의 욕구를 존중하면서도, 혹은 존중하기 때문에 자신이 원하는 것을 얻는 방식으로 보고 있다. 이런 생각이 사실이라면 공감은 보다 인간적이고 보다 평화로운 세상을 창조할 기적의 약인 셈이다.

덕분에 공감에 대한 연구가 붐을 이룬다. 인간의 공감 능력을 평가하는 다양한 테스트도 개발되었다. 신경학자들은 소위 '거울 뉴런Mirror neuron'이라는 것을 발견했다. 자신이 어떤 행동을 할 때와 그 행동을 하는 타인을 지켜볼 때, 우리 뇌는 똑같은 부분이 활성화된다. 현재 거울 뉴런은 공감의 생물학적 기반으로 여겨진다.

공감의 원리는 믿을 수 없을 만큼 평범하지만, 일상생활에서 우리는 거의 그 원칙을 활용하지 않는다. 그렇지 않다면 그에 관한 연구가 이렇게 많을 이유가 없을 것이며, 인간 사이에서 각종 문제가 일어날 리 만무하다. 그리고 우리 모두는 자신이 원하는 바를 얻을 것이다. 하지만 현실에선 공감을 활용하기가 말처럼 쉬운 일은 아닌 듯하다.

전문가들조차 힘들어할 때가 많다. 설문조사에서 의원 보좌관들은, "정치가 합리적인 관점에 따라 흘러간다고 진지하게 생각하며" 교섭 담당자가 "어떤 관점에서" 사안을 보는지 전혀 아랑곳하지 않는 로비스트가 아직도 너무 많다고 고충을 토로했다. 사람들은 자신의 관점과 다른 관점이 존재한다는 사실을 꿈에도 생각하지 못하는 것이다.

정치가 아닌 일상은 다를까? 파트너와 나눈 마지막 대화를 떠올려 보라. 지난번 자녀와의 대화, 동료와의 대화가 아름다웠는지 생각해보라. 이제 상대가 당시 당신에게 정확히 무엇을 원했는지 세 문장으로 요약해보자. 할 수 있다면 당신은 공감의 길을 잘 걷고 있는 사람이다.

하지만 대부분의 사람은 토론을 할 때 상대가 무슨 생각을 하고 있는지 경청하지 않는다. 도통 관심이 없기 때문에 상대의 입장을 이해하려는 노력을 애써 하지 않는다. 그래서 상대의 얼굴에다 대고 이렇게 말한다. "대체 나한테 뭘 원해요? 정말 이해가 안 돼." 그 말이 문제가 있다는 생각은 절대 하지 못한다. 하지만 상대를 정말 이해하지 않고서는 결코 자신의 뜻을 관철할 수 없다.

## 상대를 움직이는 논리를 발견하는 법

"대체 누굽니까? 누가 다른 의견이라는 거지요? 있을 수가 없는 일이에요!"

마감 20분 전이었다. 전화기 저편 여자의 목소리는 절망에 차 있었고 정말로 많이 놀란 것 같았다. 그녀는 우리 협회의 회원 중 하나인 인터넷 서비스 기업의 시니어 매니저였다. 우리는 정부 부처에 보낼 우리 협회의 의견서를 만들던 참이었다.

협회의 회원사는 1000개가 넘었다. 그중에는 세계적인 대기업도 있었지만 대부분은 중소기업이었다. 나의 업무는 이 기업들이 하나의 목소리를, 즉 업계의 통일된 목소리를 내도록 만드는 것이었다. 그리고 그 목소리로 합의된 의견을 전해야 했다.

합의된 업계의 의견은 가치 있고 힘 있는 도구다. 정부 부처와 의회가 논의를 할 때 그 의견을 참고하기 때문이다. 물론 앞서도 말했지만 논의란 시범 연기에 불과해서 결국 논리가 정치 과정에 영향을 미치는 일은 극히 드물다. 하지만 역시 앞서 말했듯, 적어도 형식적이나마 논리를 캐묻고 서로 교환하는 과정은 민주적 절차의 필요 요건이다. 그 형식 요건을 맞추기 위해 정부 부처나 의회는 하나의 대변인, 즉 업계의 협회를 원한다. 그러면 1000개가 넘는 기업과 일일이 대화를 나누고 그들의 의견을 짜 맞추지 않아도 되니까 말이다. 그러자면 내가 그 1000개 이상의 기업과 이야기를 나누어야 한다. '업계'가 의견을 표명하고 싶을 때, 혹은 표명해야만 할 때마다 매번.

가족 여행을 계획해본 사람이라면 모두를 만족시키는 계획을 만드는 일이 얼마나 힘든지 알 것이다. 하물며 성격도 이해관계도 다 다른 1000개가 넘는 기업을 회원으로 거느린 가족이라니, 이 가족의 의견을 하나로 뭉칠 수 있을까?

이를 위해 각 협회에는 '분과위원회'라는 것이 있다. 예를 들어, 과세나 부정경쟁방지법 같은 특정 주제는 그 문제를 처리하는 해당 분과가 따로 있다. 협회의 회원인 모든 기업은 각자가 관심이 있는 분과위원회에 참여할 수 있다. 분과위원회가 회의를 열면 그 회의에 각 기업이 자기 대표를 보낸다. '대정부관계' 부서의 직원인 경우가 보통이지만 법무팀에서 나오는 경우도 있다. 기술이나

마케팅이 현안인 경우엔 해당 부서에서 직원을 파견하기도 한다.

나의 업무는 분과위원회의 모두에게 정보를 제공한 뒤 토론을 통해 합의를 도출하여 업계의 의견을 찾아내는 것이었다. 이때 나는 절대적인 합의 원칙을 추구했다. 즉, 모든 기업이 동의한 의견만 외부에 '업계의 의견'으로 공개하는 것이다. 한 해에 10억 달러의 매출을 올리건 5000달러의 매출을 올리건 투표권은 각 기업에 똑같이 돌아간다. 한 기업이라도 동의하지 않으면 아무리 좋은 의견도 무효가 되고 만다.

협회 중에는 소위 '주석 원칙'을 실행하는 곳도 많다. 협회의 다수 의견에 동의하지 않고 어깃장을 놓는 기업의 의견을 주석으로 처리하는 것이다. 그러면 합의를 끌어내기가 훨씬 수월해지지만 그만큼 그 업계 의견으로서의 영향력은 떨어진다. 그래서 나는 절대 그 방법을 쓰지 않는다.

모든 법안의 초안을 해당 분과위원회로 넘긴 후 회원 기업들에게 각자의 평가를 내려달라고 부탁한다. 그럼 기업들은 즉각 다양한 평가를 하고 돌려보낸다. 50쪽짜리 두꺼운 보고서도 있고 달랑 한 문장뿐인 촌평도 있다. 기한 하루 전에 보내는 경우도 있고 밤 11시에, 당일 아침에 보내는 경우도 있다. 심지어 이틀이나 지난 후에 보내는 일도 있다.

나는 기업들이 보낸 보고서를 살펴보고 인쇄하여 쌓아 둔다. 그 산더미 같은 의견서를 다 읽고 각기 다른 입장들의 공통점을 찾아내야 한다.

협회의 회원 기업들은 협회 내부에서 공동의 이익을 추구하지만 실은 서로가 시장의 경쟁자다. 그래서 경쟁사의 타격이 자신보다 더 크다는 이유로 업계에 불리한 규정에 찬성하는 일도 벌어진다. 이럴 때에는 기업들이 서로 손해를 입히기 위해 협회를 이용하는 일이 없도록 주의를 기울여야 한다. 때로는 타협안을 만들기 위해 전화 회의를 여는 경우도 있다. 물론 개별 면담도 한다.

흥분한 여성이 전화를 걸어온 그날 오후도 그랬다. 두 번째의 마지막 합의안 작성이 끝난 시점이었는데, 그녀가 요구한 문장 하나가 합의안에서 탈락되었다. 다른 기업이 항의를 하는 바람에 뺄 수밖에 없었다. 그 여성은 누군가가 자신과 다르게 생각할 수 있다는 사실 자체가 날 벼락인 것 같았다.

'이런 일이 처음이라 흥분했군.'

나는 이렇게 생각하며 그녀에게 질문을 던졌다.

"이 분과위원회에 누가 참여하는지 알고 계시지요? 누가 다른 의견을 냈는지 명백하지 않습니까?"

그녀는 말이 없더니 한참 후 입을 뗐다.

"정말 아무리 생각해도 도저히 모르겠어요."

다른 사람들이 세상을 나와 다른 눈으로 보며 다르게 판단한다고 상상하는 일은 쉽지 않다. 바로 이것이 문제다. 우리에겐 타인의 입장을 들여다보지 못하게 막는 자연의 방패가 있다.

대부분의 사람은 타인의 관점을 상상하는 것만으로도 공포에 휩싸인다. 하물며 그것을 경청하고 심지어 이해하라니, 그런 일은 불가능하다고 여길 것이다. 생각만으로도 타인의 관점을 받아들이면서 내 것을 포기하는 듯한 기분을 느끼기 때문이다.

하지만 그건 당연히 말도 안 되는 생각이다. 우리는 아무런 위험에 노출되지 않고도 나와 다른 관점을 경청할 수 있고 탐구할 수 있으며, 심지어 이해하려 노력할 수도 있다. 그러고는 아무 일 없었다는 듯 다시 자신의 관점으로 돌아올 수 있고, 생이 끝나는 날까지 예전과 똑같이 자신의 관점을 유일하게 올바른 것으로 생각할 수 있다. 적어도 생각만이라도 한 번쯤

편을 옮겨 타인의 관점에서 세상을 볼 용기가 없다면, 내가 타깃으로 삼은 사람을 어떻게 설득할 수 있겠는가? 아마 절대로 방법을 찾지 못할 것이다.


## 숨은 해결책을 찾는 질문을 던져라

서로의 입장이 부딪히기만 할 뿐 도저히 합의점을 찾지 못한다면? 그럴 때에도 당신이 추구하는 해결책에서 상대에게 맞는 논리를 발견할 수 있다. 타인이 정말로 원하는 것, 정말로 필요로 하는 것은 그의 입장이라는 무대의 뒤편을 들여다볼 때 비로소 알 수 있다. 특정한 입장 뒤에 전혀 다른 욕망이 숨어 있을 때도 있다는 말이다. 즉, 소망의 저편을 살펴야 하는 것이다.

욕망은 소망이나 입장과는 전혀 다른 것이다. 입장에만 머물지 말고 그 너머에 숨은 욕망을 들여다본다면 갑자기 전혀 새로운 해결책이 고개를 내밀 것이다. 그것도 양쪽 모두에게 이익이 되는 해결책이 말이다. 그러면 그로부터 양측에게 맞는 논리를 읽어낼 수 있을 것이다.

입장 뒤에 숨은 욕망을 잘 알아차릴 수 있을 때도 있지만, 그럴 수 없을 때가 더 많다. 그럴 때는 간단한 질문 하나면 문제가 해결된다. "왜 그것을 원하세요?"

유명한 이야기를 예로 들어보겠다. 자매가 오렌지 하나를 두고 싸운다. 둘 다 오렌지가 갖고 싶다. 이제 어떻게 해야 하나? 누구든 한쪽에게만 주면 불공평하다. 나머지 한 사람은 빈손이 될 테니까. 아무한테도 안 주면 공평하다. 하지만 둘 다 빈손이 된다. 오렌지를 둘로 잘라 반쪽씩 주면 어떨까? 공평하기는 하겠지만 둘 다 원하는 것의 절반밖에 못 가진다. 결국 누구든 실망을 하게 되어 있다.

그런데 자매에게 왜 오렌지가 필요하냐고 물었더니 한쪽은 케이크를 구울 때 쓸 껍질이 필요하다고 대답한다. 다른 쪽은 즙을 짜고 싶어서 과육이 필요하다고 한다. 갑자기 두 사람 다 100퍼센트 자신이 원하는 것을 가질 수 있게 된다.

이런 관점에서 2장에서 배웠던 일상의 여러 문장들을 바꿔보자. 자기중심주의를 극복하고 우리의 시각이 아닌 상대의 시각에서 나온 논리로 바꾸어 써보는 것이다.

- 귀가 아파 죽겠어. 좀 조용히 할 수 없어?
  → 자네가 조용히 하면 자네가 맡았던 까다로운 고객을 내가 대신 상대해줄 수 있을 텐데 말이야.

- 스페인에서 교환학생으로 독일에 온 여학생이 값싼 방을 찾습니다. 돈이 별로 없어요. 도와주실 분 안 계신가요?
→ 스페인어를 배우고 싶으신가요? 스페인에서 온 교환학생이 대화 상대가 되어줄 수 있습니다. 약간의 집세도 지불할 의향이 있습니다.


- 다음 달엔 복직을 해야 해요. 그러니까 어린이집에 꼭 자리가 나야 해요.
→ 우리 딸은 정말 그림을 잘 그려요. 어린이집의 다른 애들한테 가르쳐줄 수 있을 거예요.


- 저를 뽑아주시면 귀사에서 저의 도전의식을 멋지게 발휘하겠습니다.
→ 귀사는 내년에 큰 도전을 앞두고 있습니다. 그동안의 경험으로 제가 미력이나마 도움을 드리고 싶습니다.


- 치통이 너무 심한데 순서 좀 바꿔주시면 안 될까요?
→ 급하게 고품질의 세라믹 인레이를 해야 합니다. 치아보험에 가입도 되어 있어요.

- 출구. 주차금지
→ 여기 주차하면 견인합니다.

# Part 2. 감정

# Du machst, was ich will
## :Wie Sie bekommen, was Sie wollen

# 004

# 이성 대신 의지를
# 공략하라

다음 선거까지는 아직 6개월이 남았다. 정계는 발언권을 가진 사람과 아직 발언권이 없는 사람으로 나뉘어 있다. 의원과 의원으로 선출되고자 하는 사람, 장관과 다음 선거에서 자기 정당이 승리하면 장관 자리에 오르고자 하는 사람으로 말이다.

이미 자리에 오른 사람은 항상 사람들에게 둘러싸여 있으며, 모두가 그에게 무언가를 원한다. 아직 자리에 오르지 못한 사람에게 무언가를 원하는 사람은 아무도 없다. 오히려 그가 다른 사람들에게 원하는 것이 많다.

그날 나는 로비스트가 평소 하지 않는 일을 했다. 나의 관심을 아직 발언권이 전혀 없는 사람들에게로 돌렸던 것이다. 나는 선거 후보자 명단을 살펴서 가장 당선 가능성이 높은 후보들에게 편지를 썼다. 또 각 부처 장관으로 가장 유력한 인사들을 찾아 만남을 청했다. 약속은 쉽게 성사되었고 대부분 금방 만남이 이루어졌다. 현 장관들에 비해 찾는 사람이 훨씬 적었기 때문이다.

나는 이 사람들과 현안에 대해 이런저런 이야기를 나누었다. 그리고 그들의 의견을 물었다. 그들에게 자신이 중요한 사람이라는 인상을 주었다. 몇 달 후 해야 할 일을 미리 한 것이다. 몇 달 후면 많은 사람이 그들을 만나기 위해 안달을 할 것이다. 그들에게 무언가를 원하기 때문에, 그들의 의견이 중요하기 때문에.

선거가 끝났다. 내가 찍은 후보 중에서 다수가 의원이 되거나 정부 부처의 주요 보직에 올랐다. 갑자기 그들이 중요한 인물이 되었고 실제로 그들을 만나기 위해 줄이 길게 늘어섰다. 하지만 당선 직후 몇 달은 정신이 없을 시기다. 만나야 할 사람도 많고 처리해야 할 일도 많다.

하지만 내가 전화를 걸면 바로 연결이 되었다. 심지어 내게 휴대전화 번호를 공개했던 사람도 많았다. 그들은 유명인이 아니었을 때 자신을 중요한 인물로 대우해주었던 사람을 잊지 않았다. 우리는 특별한 관계였다. 그들은 내 말에 항상 관심을 기울이고 경청해주었고 나에게 항상 시간을 내주었다.

삶은 이성의 규칙과는 다른 규칙을 따른다는 진리를 깨닫는다면, 값진 시간과 에너지를 이성을 공략하는 데 낭비하지 않을 것이다. 그보다 성공을 약속하는 더 확실한 길을 선택할 것이다. 의지를 공략하는 길을 말이다. 그러면 더 이상 객관적으로 상대를 설득하려 들지 않고, 우리를 위해 무언가를 하도록 상대의 의지를 자극하는 쪽을 택하게 된다.

이 두 가지 방법은 전혀 다르며 전혀 다른 규칙을 따른다.

어린 시절 학교에서는 논리로 상대를 설득하는 법을 배우고 훗날 직장에서는 말 잘하는 법을 교육받기도 한다. 하지만 정작 의지의 동기가 어떤 규칙에 따라 작동하는지는 정확히 알지 못한다. 기업의 상사들은 늘 부하직원들의 동기를 북돋아야 한다는 말을 듣고 어떻게 하면 그럴 수 있는지 계속 고민한다. 그래서 동기부여 세미나 같은 곳을 기웃댄다. 하지만 안타깝게도 인간 심리의 단순한 진리는 깨닫지 못한다.

이성과 동기의 경쟁에서 항상 동기가 승리한다는 진리 말이다.

## 성공을 결정하는 두 가지 규칙

동기는 아주 간단한 다음 기본 규칙에 따라 작동한다. '당신을 좋아하는 사람이 당신을 돕는다.'

앞의 1장에서 배운 태도의 정의를 기억하는가? 태도란 한마디로 '내가 누군가를 혹은 무언가를 좋아하느냐 안 하느냐'다. 이 태도에서 행동이 나온다. 우리는 좋아하는 사람의 의견을 받아들이고 기꺼이 그 사람을 위해 무언가를 한다.

많은 사람이 이 단순한 진리를 믿으려 하지 않는다. 교사는 자신이 좋아하는 학생을 더 잘 대우하고 더 좋게 평가한다는 소리를 들으면 질색을 한다. 직장 상사는 호감도에 따라 부하직원을 차별한다는 소리를 들으면 고개를 절레절레 젓는다. 또 부하직원들에게 인기가 있어야 일을 하기가 편하다는 사실도 인정하지 않으려 한다. 세상의 모든 엄마, 아빠는 자녀들 중에도 더 마음에 드는 아이가 있다는 고백을 하면서 부끄러워하고 죄책감을 느낀다. 모든 판사는 자신이 모든 면에서 오직 사실과 법에 따라서만 판결한다고 주장한다.

이렇듯 우리는 개인의 호감이 아닌 '객관성'이 중요한 세상을 이상으로 꼽는다. 하지만 세상은 '객관'이 아니라 생명체가, 인간이 사는 곳이다. 인간은 객관적이 아니라 인간적으로 작동한다. 인간에겐 감정과 욕망이 있다. 그것을 무시하는 사람은 절대 문제를 해결할 수 없고 소망을 충족시킬 수 없다.

결국 이 간단한 규칙이 통한다.

당신을 좋아하는 사람이 당신을 돕는다.

이 규칙이 작동하는 과정과 관련한 전문용어도 있다. 바로 '환심 사기Ingratiation'다. 이것은 내가 무언가를 얻고자 하는 상대의 호감을 목표로 하는 행동이다.

다행스럽게도, 누군가 당신을 좋아하는 것은 운에 달린 일이 아니다. 개인의 호감 역시 매우 정확한 규칙을 따른다. 그럼 어떻게 하면 다른 사람들이 당신을 좋아하도록 만들 수 있을까?

여기서 역시 아주 간단한 두 번째 규칙을 소개한다.

사람들은 당신이 그들의 욕망을 충족시킬 때 당신을 좋아한다.

욕망이 충족되면 기분이 좋고, 그렇지 않을 경우에는 기분이 좋지 않다. 그러므로 누군가를 도와 그의 욕망을 충족시킨다면 당신은 그에게 좋은 감정을 남기게 된다. 그 일을 통해 태도의 애정 요인에 직접 영향을 주게 되기 때문이다. 상대는 당신을 좋아하게 될 것이고 당신을 돕게 될 것이다.

태도의 인지 요인의 경우에는 당신의 관심사가 상대의 어떤 욕망에 중요한가를 밝혀내는 것이 관건이다. 즉, 당신의 특정 관심사가 상대에게 어떤 이익이 될 수 있는지 정확히 알아내야 한다.

이 장에서는 여기서 한 걸음 더 나아가 당신의 관심사를 벗어나 얘기해보도록 하겠다. 감정을 통해 태도가 형성되는 애정의 차원에서 당신은 관심사와 관계없이 상대의 욕망을 만족시킬 수 있다. 그럼에도 결국엔 그 욕망이 당신의 관심사에 영향을 미치게 된다.

소위 '휴리스틱-체계 모델Heuristic-systematic model'은 인간이 정보를 체계적으로 처리하지 않고 태도의 애정 요인을 거쳐 휴리스틱하게 처리한다고 주장한다. '휴리스틱heuristic'이란 정확하게 작업하지 않고 대충(다시 말해 적은 정보와 적은 노력으로) 결론을 끌어내는 방법이다.

예를 들어, 내가 경제에 대해 아무것도 모르면서 주식투자를 하고 싶다면 어떻게 해야 할까? 6개월 동안 휴가를 내고 집에 틀어박혀 여러 기업을 분석할 수도 있겠지만, 일단은 휴리스틱을 활용하여 이렇게 자문해볼 수 있다. 내가 아는 기업이 뭐가 있지? 어떤 기업을 좋게 생각하지? 어떤 제품이 성공을 거두었지? 최근 우호적인 기사가 나온 기업은 어떤 것이 있지? 작년 주식시세가 어땠지? 이런 질문을 던지면 불과 몇 분 만에도 결정을 내릴 수 있다. 우리의 게으른 뇌는 휴리스틱한 방법을 좋아해서 다른 여러 상황에서도 자기 나름의 휴리스틱에 의지한다. 물론 스스로는 전혀 의식하지 못한 채.

누군가에 대해 생각할 때도 이 방법이 사용된다. 그 사람에게 뭔가를 해주어야 할지 말아야 할지 결정해야 할 때, 우리의 뇌는 자동적으로 그에 대한 우리의 감정을 '스캔'한다. 아주 단순한 질문을 던지는 것이다. 좋은 감정이 지배적인가, 나쁜 감정이 지배적인가? 좋은 감정이 지배적이면 그를 위해 무언가를 한다. 나중에 그 문제에 대해 합리적으로 생각하려 해도 뇌는 앞서 두드러졌던 감정에 맞지 않는 정보와 논리를 걸러낸다. 감정이라는 필터로 정보와 논리를 여과하는 것이다.

따라서 당신이 어떤 욕망을 충족시켜서 상대에게 긍정적인 감정을 불러일으키는가는 중요하지 않다. 당신의 관심사가 상대의 어떤 욕망을 채울 수 있을지 고민하지 않아도 된다는 뜻이다. 욕망이 어떤 것인지에 관계없이 충족시키기만 하면 된다. 나 역시 앞의 사례에서 의원 또는 장관 후보들을 만날 때 특정 주장, 특정 입장을 대변하는 것이 그들에게 어떤 득이 될지 이야기하지 않았다. 나는 관심사는 완전히 접어둔 채 스스로 인정받고 싶어 하는 그들의 욕망을 충족시켜주었다. 내가 그들을 인정했고 그들과 만났다는 이유만으로 그들의 욕망은 충족되었다. 그 사실은 훗날 그들이 정치인으로서 나의 관심사와 관련된 사항을 결정하는 데 큰 영향을 미쳤다.


## 상대의 호감을 증폭하는 원리


상대의 호감을 얻어서 상대가 당신을 위해 실제로 무언가를 하게 된다면, 이제 서로 다른 두 가지 효과의 매력적인 상호 작용이 시작된다. 그리고 당신에 대한 상대의 호감은 더욱 증폭될 것이다.

그 두 가지 효과는 다음과 같다.

첫 번째, 사람은 자신에게 호의를 베풀어준 상대만 좋아하는 것이 아니라, 자신이 도와주었던 상대도 자동적으로 좋아하게 되는 경향이 있다. 이게 무슨 말도 안 되는 소리냐고? 태도의 행동 요인을 설명할 때 말했듯이, 우리의 뇌는 행동과 태도가 서로 사이좋게 조화되기를 바란다. 그래서 행동으로부터 태도를 추측한다. 앞에서 언급한 택배기사에 대한 이야기를 되짚어보라. 우리는 좋아하지 않는 사람을 위해서는 아무 것도 하지 않는다. 그러므로 상대가 당신을 위해 무언가를 했다면 그 사람의 뇌는 자신의 행위를 근거로 자기가 당신을 좋아하고 있다고 추론한다. 호의의 원인이 호의를 통해 더욱 증폭되는 것이다.

이런 효과는 '벤저민 프랭클린 효과Benjamin Franklin effect'라고 부른다. 벤저민 프랭클린이 이 효과를 "인생의 전략"이라고 불렀기 때문이다. 호감을 얻고 싶은 사람이 있으면 그에게 의도적으로 작은 호의를 부탁하는 것이다. 이 효과는 과학적으로도 입증되었다.

두 번째, '상호성의 원리Reciprocity principle'가 작용한다. 이 원리는 기본적인 인간 원칙이다. 모든 인간관계에서 우리는 늘 공평한 주고받기를 하려고 노력한다. 사회학에선 이 원칙을 '공정성 이론Equality theory'이라고 부른다. 우리는 인간관계에서 주고받기가 똑같지 않다는 느낌을 받게 되면 기분이 나빠진다. 주는 쪽이나 받는 쪽, 양쪽 모두가 그렇다. 더 많은 것을 받은 쪽도 기뻐하기는커녕 평등해질 수 있는 기회를 노린다.

한 실험에서 실험자가 신분을 숨기고 실험 참가자들 틈에 끼어서 과제를 풀었다. 그 사이사이 실험자는 일부 참가자들에게 음료수를 선물했다. 그 후 실험자가 모든 참가자에게 복권 몇 장을 사달라고 부탁을 했다. 결과는 음료수를 받은 사람들이 그렇지 않은 사람들보다 더 많은 복권을 사주었다. 당연히 복권의 가격도 훨씬 비쌌다.

태도의 애정 요인과 상호성의 원리는 교묘하게 상호 작용한다. 누군가 당신을 좋아해서 당신을 위해 무언가를 할 경우 당신을 향한 그의 긍정적 감정은 더욱 커진다. 이 원리는 모든 인간관계에서 통하지만 특히 애정관계에서 두드러진다. 커플들은 적어도 무의식적으로는 항상 관계의 비용(밤에 친구들과 자주 놀지 못한다)과 효용(아침에 혼자 일어나지 않아도 된다)을 따지고 가능한 대안(비용 대비 효용이 더 좋은 잠재적 파트너)과 비교를 한다.

하지만 대부분의 사람은 자신이 그렇게 계산적으로 따진다는 사실을 부인한다. 사실 그렇게 계산적으로 따지지도 않는다. 적어도 의식적으로는 말이다. 이 원리의 작용은 우리 뇌에서 아주 자동적으로 진행된다. 그것도 모든 인간관계에서.

상호성의 원리는 평판이 좋지 않다. 누가 봐도 호혜성에 바탕을 둔 관계에서도 우리는 그런 성질을 입에 올리는 것은 물론이고 고민하는 것조차 꺼린다. 예를 들어, 직장의 경우를 생각해보라. 직장생활이란 나의 시간과 노동을 주고 돈을 받는 교환 행위다. 그런데도 면접 때 이런 교환에 대해 직접 거론하는 것은 예의에 어긋난다고 생각한다. 고용주가 지급할 돈에 대해 이야기를 나누기는 하지만 많은 사람이 반대급부, 이를 테면 정확한 근무 조건에 대해 상세히 묻기를 꺼린다. 그래놓고는 나중에 계약서에 적힌 문구를 보고 기겁을 한다. 그건 마치 차를 사면서 가격을 물어보지 않는 것과 같다.

인간관계에서 계산을 금기시하지 않아야 한다. 계산은 너무나 정상적인 과정이다. 우리의 뇌는 안 그런 척하는 우리 자신보다 훨씬 계산적이다. 그 사실을 인정하고 주변 사람들과의 관계에서 의식적으로 '기브 앤드 테이크Give and take'를 추구한다면 삶이 훨씬 더 정직하고 단순하며 수월해질 것이다.

자, 이제 당신은 타인의 어떤 욕망을 만족시켜줄 수 있을까?

우선 모든 사람의 지극히 개인적인 욕망을 만족시켜줄 수 있다. 아주 구체적으로 그의 인격과 특수한 상황에 맞는 욕망을 말이다. 그러자면 상대를 조금 더 잘 알아야 한다. 그의 성격, 상황, 그로부터 나오는 욕망을 분석해야 한다. 인간의 가장 중요한 욕망들에 대해서는 6장에서 좀 더 자세히 알아보도록 하자. 거기서 한 번 더 남들에게 인정받고자 하는 인간의 욕망과 관련하여 우리가 활용할 수 있는 기회를 살펴볼 것이다.

사실 상대방이 지금 이 순간 무엇을 필요로 하는지 항상 정확히 알 수는 없다. 하지만 다행히도 모든 인간에게는 공통되는 욕망이 있다. 그런 욕망은 상대를 잘 알지 못해도 충족시켜줄 수 있다. 바로 친밀함을 향한 욕망이다. 누가 입어도 맞는 옷처럼 누구에게나 적용할 수 있기에, 나는 이것을 '프리사이즈One-size-fits-all' 욕망이라고 부른다. 다음 장에서는 이 작은 '신비의 명약'에 대해 알아보기로 하자.

# 005

# 뇌의 게으름을
# 이용하라

우리는 몇 달 전부터 진보 정당과 '끈끈한 접촉'을 형성
하려고 노력 중이었다.

'접촉'이란 이미 서로 만난 사이고 경우에 따라 다시 만
날 수도 있음을 의미하고, '끈끈한'이란 한쪽이 다른 쪽
에게 정보나 추가 접촉, 그 밖의 도움이 필요할 때면 언
제라도 전화를 걸 수 있음을 의미했다.

접촉은 어렵지 않게 달성할 수 있다. 전화 한 통, 이메일
한 통이면 충분하다. 흔히 생각하는 것과 달리 로비스트
는 정치 파트너를 침침한 뒷방에서 비밀리에 만나지 않
는다. 정치인들은 뒷방에서만 만날 수 있는 은밀한 인물

이 아니다. 만날 수 있는 날짜가 공개되기 때문에 원하는 사람이면 누구나 접촉할 수 있다.

로비스트의 중요한 접촉 상대는 정부 부처의 관료들이다. 차관보, 국장, 실장, 부서장 등이 이에 해당한다. 그 위로 차관이 있고 장관이 있다. 마지막 두 사람은 일정이 항상 빡빡한 데다 매일 사람을 만나지도 않는다. 그리고 자기 눈높이에 맞는 사람들하고만 만난다. 그러니까 장관을 만나려면 협회의 회장이나 기업의 이사 정도는 되어야 한다.

하지만 정부 부처도 기업과 다를 바가 없다. 진짜 일은 훨씬 더 아래에서 진행된다. 예를 들어, 신문에 어떤 법안에 대한 기사가 났다고 가정해보자. 장관이 그 문제에 대해 몇 마디 언급을 했다면 그 법안은 정말 중요하고 대단한 법안이다. 하지만 그 기사를 본 국민들은 그 장관이 부처의 모든 일을 정확히 알고 있으며 세세한 부분까지 직접 관장한다는 인상을 받는다.

실상 그 장관의 몇 마디는 그가 아니라 홍보부 직원의 머리에서 나온 문구다. 홍보부 직원이 적어준 대로 장관은 읽기만 하면 된다. 또 장관이 그런 발표를 하기까지는 언론에 공개되지 않는 수없이 많은 절차와 과정이 있다. 정말로 조용하게, 차분하게 진행된 절차들 말이다.

그러니 꼭대기 윗선의 만남은 누구도 반기는 일이 아니다. 모두에게 너무 많은 일을 만들어내기 때문이다. 예를 들어, 기업의 총수와 장관이 만난다고 치자. 양쪽 모두 어떤 주제에 대해 어떤 이야기를 해야 할지 정확히 알고 싶어 한다. 그래서 아랫사람들에게 그 주제와 관련된 브리핑을 요구한다. 아랫사람들은 2~5페이지의 보고서에 간략한 문장으로 무엇이 관건이며, 지금의 현황은 어떤지, 상대의 입장은 무엇인지, 그들 자신의 입장은 무엇인지를 알려주어야 한다.

그런 보고서는 정말로 간결하고 간단해야 한다. 그래야 장관이나 기업 총수가 엘리베이터 안에서 대충 훑어보면서 지금까지 한 번도 들어본 적 없는 주제였어도 당장 토론을 벌이고 결정을 내릴 수가 있을 테니까 말이다. 심지어 어떤 사람들은 상대를 만나 이야기를 나누면서 동시에 보고서를 읽기도 한다. 내가 가끔 만나는 한 여성 장관은 그 솜씨가 어찌나 완벽한지 만날 때마다 감탄을 하지 않을 수 없다.

위로 올라갈수록 아무것도 모르면서 토론을 하고 결정을 내릴 수 있어야 하는 일들이 늘어난다. 그렇다고 윗사람들을 비난할 수는 없다. 너무 해결해야 할 문제가 많아서 그런 것일 뿐 다른 이유에서 그러는 게 아니기 때문이다. 그럼 이 보고서는 어디서 오는 걸까? 당연히 '진짜 일'을 하는 국장, 실장 선에서 온다. 어떤 정보를 장관에게 줄지, 어떤 입장을 장관에게 권할지는 그가 결정한다. 그러므로 사실 가장 중요한 접촉 상대는 그들, 즉 국장이나 실장, 부서장이다. 그들의 전화번호와 이메일 주소는 모든 정부 부처가 인터넷에 공개하는 조직도에 다 나와 있다. 그냥 그 번호로 전화를 걸어서 이렇게 말하면 된다. "저는 ○○ 기업의 ○○입니다. 저희도 같은 문제로 고민 중인데요, 한번 만나 뵙고 이런저런 말씀을 나누고 싶습니다." 이것으로 접촉은 완료다.

로비스트의 다른 중요한 접촉 상대, 의원들과 정당 인사들 역시 같은 방법으로 만날 수 있다. 원내 교섭단체에도 정당에도, 특정 주제에 대한 '대변인'들이 있다. 그들의 이름과 만날 수 있는 날짜 역시 인터넷에 공개된다. 의회 위원회에 속한 모든 의원의 이름과 접견 가능일도 마찬가지다. 문제는 접촉을 끈끈하게 만드는 일이다.

처음 로비스트 일을 시작했을 때 한 선배가 술을 마시다가 이렇게 말했다.

"폴커, 지금 술집 문이 열리면서 에델가르트가 들어오는데 자네가 '에델가르트, 이리 와서 합석하시죠'라고 외치고, 그녀가 정말로 우리 자리에 합석을 한다면 자넨 성공한 거야."

에델가르트는 당시 연방교육연구부 장관이었던 에델가르트 불만Edelgard Bulmahn을 의미했다. 그가 왜 하필이면 그녀를 예로 들었는지는 모르겠지만 어쨌든 그의 말은 정곡을 찔렀다. 그럼 어떻게 해야 에델가르트가 우리 자리로 와서 합석을 할까? 분명 그녀와 '전문적인' 대화를 나누어서는 될 일이 아니다. 여기에도 해묵은 규칙이 있다. '당신을 좋아하는 사람이 당신과 합석할 것이다.' 끈끈한 접촉은 당신을 좋아하는 사람과 만들 수 있다.

자, 이제 처음의 문제로 돌아가 보자. 우리는 진보 정당과 끈끈한 접촉을 유지하기 위해 노력하고 있었다. 보수 정당들과는 이미 좋은 관계였다. 근본적으로 그들의 관심사가 기업의 이해관계와 일치하기 때문이다. 하지만 진보 정당은 기업과 기업의 활동을 비판적으로 바라본다. 그럼에도 진보 정당 역시 무시할 수 없는 존재다.

한 여성 동료가 접촉을 시도하여 그쪽 정당 대표와 만났다. 동료는 최상층 경제계를 대변했다. 구찌 옷을 입고

프라다 가방을 들고, 이쪽에서 구걸한다는 인상을 주지 않기 위해 우아한 레스토랑에서 비싼 점심식사를 대접했다. 정당 대표는 청바지와 스웨터 차림이었다. 어쨌든 두 사람은 중요한 문제에 대해 이야기를 나누었고, 그렇게 접촉이 이루어졌다. 하지만 끈끈하지는 않았다.

나는 다른 방법을 시도했다. 나 역시 진보 정당의 대표와 약속을 잡았다. 하지만 양복은 집에 두었고 셀프 서비스 레스토랑을 장소로 선택했다. 그럼에도 분위기는 약간 긴장되었다. 나는 정치 관련 주제를 전혀 입에 올리지 않았다. 우리는 어디 출신인지, 어느 대학을 나왔는지, 어떤 취미를 즐기는지 이야기했다.

나는 정치 주제와는 아무 상관없이 대화를 들이파고 또 팠다. 그리고 마침내 빙고! TV 프로그램 이야기를 하다가 우리가 같은 드라마의 열광적인 팬이라는 사실을 알게 되었다. 거의 1시간 동안이나 우리는 등장인물과 스토리에 대해, 또 앞으로의 전개에 대해 진지하게 이야기를 나누었다. 마침내 서로 말을 놓자는 결정을 보았고 너나하는 친구 사이가 되었다. 언제라도 필요한 일이 있으면 전화를 하자고 약속했다.

그날 밤 우리는 정치 주제에 대해 한마디도 나누지 않았다. 하지만 나는 접촉을 성사시켰고 심지어 그 접촉은 끈 끈하기까지 했다.

이틀 후 그가 전화를 걸었다. 중요한 주제에 관해 문의하기 위해서였다. 나는 그를 도와주었다. 동시에 나의 관심사를 표명했다. 물론 이번에는 TV 드라마가 아닌 정치 문제에 대해.

이미 잘 알려진 사실대로 사람의 뇌는 정말 게으르다. 대책이 없을 정도다. 최대한 생각을 안 하려고 온갖 핑계를 대고 기회를 노린다. 자기 앞에 두 가지 가능성이 있다면 뇌는 당연히 생각을 할 필요가 없는 쪽을 택한다. 그러자니 낯선 것은 무조건 피한다. 낯선 것은 스트레스고 노동이다. 인식하고 배열하고 평가하고, 더 나아가 그에 대해 새로운 의견을 피력해야 한다. 얼마나 피곤하겠는가?

반대로 익숙한 것은 정보의 '처리 유창성Processing fluency'을 높인다. 처리 유창성이 높아지면 우리는 행복해진다. 한 실험에서 일상에서 쓰는 다양한 물건을 얼른 봐서는 알아보기 힘들도록 변형하여 사진을 찍은 뒤 실험 참가자들에게 보여주었다. 그런데 그 전에 아주 잠깐 동안 같은 물건들을 잘 알아볼 수 있는 형태로 보여주었다. 그다음으로 다른 물건들의 사진을 보여주었다. 하지만 이번에는 그 전에 그것들과 전혀 관련이 없는 물건들의 사진을 제시했다. 실험자는 참가자들이 사진을 보는 동안 근전도 검사를 통해 얼굴 근육의 동작을 측정했다. 그랬더니 전에 잠깐 본 적이 있는 물건을 보았을 때는 웃음의 근육이 활성화되었다. 알고 있는 것을 보는 기쁨이 얼마나 컸으면 얼굴에 미소가 떠올랐겠는가? 다른 실험에서는 실험 참가자들이 사전에 잠깐 본 사진과 비슷한 사진을 더 아름답다고 평가하기도 했다.

## 상대의 자기애를 활용하라

그렇다면 우리가 가장 잘 아는 것은 무엇일까? 바로 자기 자신이다. 우리는 자기 자신과 24시간 붙어 있다. 그러니 제일 친숙할 수밖에 없다. 우리의 뇌는 친숙한 것을 좋아하기 때문에 우리 자신과 비슷한 것은 모조리 좋아한다. 이는 실험을 통해서도 여러 차례 입증된 바 있는 사실이다. 심리학에서는 이를 두고 '유사성의 원칙Principle of similarity'이라고 부른다.

흔히 다른 것이 끌린다고 하지만, 이 말보다 과학적으로 더 확실하게 반박된 주장은 없다. 한 실험에서 대학생들에게 같은 방을 쓸 사람을 마음대로 고르게 했다. 그리고 미리 조사한 개인적인 특징을 바탕으로 누가 누구와 짝을 지을지 예측했다. 실제로 그 예측은 맞아떨어졌다. 유사성이 가장 큰 학생들끼리 서로 친구가 되었고 차이가 클수록 같은 방을 쓰지 않으려고 했다.

이로부터 아주 간단한 성공의 규칙이 도출된다. 상대와 최대한 많은 공통점을 찾아야 한다는 것이다. 그리고 그 공통점을 최대한 강조해야 한다. 유사성의 원칙은 상상할 수 있는 모든 특징에 통한다. 출신, 나이, 학벌, 직업, 취미, 정치적 입장, 성격, 소통 스타일 등. 심지어 외모에도 통한다. 흥미로운 한 연구 결과가 있다. 실험 참가자들에게 여러 개의 얼굴 사진을 보여주고 호감이 가는 사람을 고르라고 했더니, 자신과 용모가 비슷한 사람이 가장 마음에 든다고 한 것이다. 동성에만 해당되는 사항이 아니다. 컴퓨터 그래픽을 활용하여 다른 성으로 바꾸었어도 그 사람이 마음에 든다는 대답이 많았다.

자신의 얼굴을 매일 거울로 보기 때문에, 백화점 엘리베이터를 타고 올라갈 때도 옆의 거울에 비친 자기 얼굴을 계속 쳐다보기 때문에, 우리의 뇌는 자기 얼굴에 너무나 익숙하다. 그래서 자신과 비슷하게 생긴 사람을 선호한다. 커플들이 서로 닮은꼴인 것도 다 이런 이유 때문이다. 직장 상사가 자신의 복제 인간 같은 부하직원을 후계자로 삼고 싶어 하는 이유도 마찬가지다.

유사성의 원칙이 우리에게 많은 도움을 줄 수 있을 텐데도, 우리는 그것이 내미는 손을 야멸차게 거부한다. 오늘날 현대인들은 강박적으로 타인과 자신을 구분 짓고 싶어 하기 때문이다. 물론 남과 나를 구분하고자 하는 것은 인간의 기본 욕망 중 하나다. 사람은 적당한 거리를 유지할 때 편안함을 느낀다. 하지만 현대 사회가 요구하는 개성은 거의 강박적이다. 우리 모두는 최대한 개별적이고자 한다. 남들처럼 되는 것은 기분 나쁜 일이다. 그래서 사람들과 나를 하나로 묶는 것보다는 자신을 유일한 인간으로 만드는 것을 추구한다.

자신과 불화를 겪는 사람과 관련해서는 특히 더 그렇다. 예를 들어, 지금 당신은 상사와 무척 사이가 좋지 않다. 그녀가 계속해서 당신의 승진을 방해한다. 또 이웃집 남자와 만났다 하면 싸우는데 도무지 해결책이 보이지 않는다. 당신은 그 사람들과 어떤 유사점이 있을까? 지금 꼽아볼 수 있을까? 대부분의 사람은 고개를 힘차게 저을 것이다. 놀란 듯 이렇게 반응할 것이다. "그 사람들과 유사점? 당연히 없지. 뭐가 있겠어?" 우리는 자신과 잘 지내지 못하는 사람들과는 특히 더 거리를 두고 싶어 한다. 하지만 그건 큰 잘못이다.

세상 모든 사람과 나는 일련의 유사점을 갖고 있다. 당신이 아무리 개성 만점인 사람이라 해도 실제 대부분의 사람은 차이점보다 공통점이 더 많다. 누군가 당신을 좋아하기 위해서는 두 사람이 같은 지역 출신이거나 같은 취미생활을 즐긴다는 사실 하나면 충분하다. 자녀나 부모의 나이가 똑같다는 사실이나 같은 자동차를 탄다는 사실, 둘 다 자전거로 출퇴근을 한다는 사실도 그렇다.

중요한 것은 당신이 그 사실을 의도적으로 대화 주제로 삼아 작업을 하는 것이다. 그런 공통점을 계속 입에 올리면서 적극 '배양'해야 한다. 그를 통해 친밀함의 욕망을 만족시키는 '인사이더Insider'가 될 수 있다. 예를 들어, 두 사람이 같은 지역 출신이라면 대화 중간에 그 지역 사투리를 끼워 넣을 수 있을 것이다. 둘 다 아침에 일찍 일어나는 근면 성실형이라면 오늘 아침에도 너무 빨리 출근을 해서 회사 정문이 열리기를 기다렸다는 식의 에피소드를 들려주면 된다. 그냥 별 뜻 없는 우스갯소리 같지만 그 한마디가 기적을 낳을 수 있다.

예전에 집을 구할 때의 일이다. 대도시라 집이 귀해서 경쟁자가 일흔 명이 넘었다. 나는 집주인과 이야기를 나누다가 몇 가지 공통점을 발견했다. 당시 나는 법학과에 다니는 대학생이었는데 그 집 아들도 그랬다. 또 아침에 바나나를 자주 먹었는데 그녀 역시 간식으로 먹는다며 가방에서 바나나를 꺼냈다. 우리는 몇 분 동안 바나나의 우수한 영양 성분에 대해 수다를 떨었다. 또 우리 둘 다 부동산 중개업자에 대한 나쁜 경험이 있어서 30분 동안 부동산 중개업자 욕을 해댔다. 대학생이니 오래 그 집에서 살 수 있는 것도 아니었고 월세가 밀리지 않을 것이라는 확신도 주지 못했지만, 주인은 결국 내게 이렇게 말했다. "우리 집으로 들어와요."

차이점 대신 공통점에 집중하면 이렇게 일이 쉬워진다. 의도적으로 키운 아주 작은 유사점이 죽일 것처럼 서로 물고 뜯던 철천지원수를 갑자기 화해시켜 친구로 만들 수 있다. 공통점에 주목하면 우리가 원하는 것을 얻을 뿐 아니라 조금 더 평화로운 세상에서 살게 될 것이다.

여러 명의 대화 상대 중에서 고를 수 있다면 애당초 최대한 자신과 공통점이 많은 사람을 골라야 한다. 예를 들어, 면접관이 여러 명일 때 가능하다면 외모, 출신, 교육, 가족 상황, 취미 등 최대한 자신과 비슷한 사람을 택해 면접을 본다. 상대의 특징에 대해 미리 가능한 선에서 조사를 한 다음 대화 중에 그 유사점을 강조하면 된다. 그가 테니스를 잘 친다는 사실을 알아냈다면 반드시 그 점을 언급한다. "저는 일찍부터 테니스로 몸을 단련했습니다."

외모도 잊지 마라. 사진 실험을 떠올려보라. 당신과 닮은 사람이 당신을 돕는다. 당장 눈에 띄는 유사점만이 아니다. 우리의 뇌는 우리가 전혀 의식하지 못하는 유사점도 알아볼 수 있다. 우리는 머리카락이 하나도 없을 경우에만 알아보는 그런 유사점을 말이다. 요즘엔 컴퓨터 프로그램이 많아서 우리도 직접 이런 유사점을 찾아볼 수 있다. 목표로 삼은 대화 상대들의 얼굴을 놓고 그 위에 자신의 얼굴을 겹쳐보라. 분명 깜짝 놀랄 정도로 자신과 닮은 사람을 발견할 수 있을 것이다. 바로 그런 사람이 당신의 타깃이다.

## 잦은 만남으로 호감도를 높이라

연방의회 청문회까지는 아직 열흘이 남았다. 우리 업계와 관련된 중요한 법안이 안건이라서 우리 협회가 당연히 청문회에 초대될 줄 알았다. 여당에서 우리 쪽 사람으로 부르겠다고 확약을 한 상태였다. 그런데 상황이 바뀌었다. 여당이 청문회에 다른 전문가를 부르기로 했다는 소식이 들려온 것이다.

사태가 심각했다. 우리 협회의 회원 기업들이 난리를 칠 것이었다. 우리 같은 대형 협회가 그런 중요한 청문회에 뽑히지 못하면, 까닥 잘못했다가는 내 모가지가 날아갈 수도 있다. 나는 전화통에 매달렸다. 여기저기 문의한 끝에 아직 한 정당에서 청문회에 데려갈 사람을 선발하지 않았다는 소식을 들었다. 야당의 작은 정당이었다.

나는 그 정당의 담당자를 알고 있었다. 한두 번 만난 적도 있었다. 누가 봐도 남은 초대장은 당연히 우리에게, 우리 같은 대형 협회에 돌아와야 했다. 객관적으로 보면 다른 해결책이 있을 수 없었다. 그러나 여러 번 겪었던 대로, 어디 세상일이 객관적으로만 진행되던가.

"아니, 우리한테 전화를 다 주시고 이게 웬일입니까? 급하시긴 급하신가 봅니다. 통 소식이 없으시더니. 하지만 우리 같은 정당이 무슨 발언권이 있겠습니까?"

그 정당 담당자의 반응은 냉담했다. 그리고 그의 말이 다 맞았다. 야당은 기본적으로 로비업무에 관심이 적다. 그들의 안건이 통과될 리가 만무하기 때문이다. 로비스트들 역시 시간이 한정되어 있다. 그러다 보니 나는 늘 구체적으로 의논할 일이 있는 사람들만 만나는 쪽으로 시간을 안배했다.

그는 훨씬 규모가 작은 다른 협회를 청문회에 부를 예정이라고 대답했다. 최종 결정은 금요일에 내릴 것이라고 했다. 달력을 봤다. 월요일이었다.

당장 그날 오후부터 그 정당 관계자들과 개별적으로 약속을 잡았다. 화요일, 수요일, 목요일까지 하루 두 차례씩 미팅을 했다. 심지어 어느 날은 하루 세 번 끼니때마다 관계자들과 식사를 하고, 밤에 다시 정당의 토론회에 참여하여 당원들을 만나기도 했다. 하지만 한 번도 그 '사안'에 대해서는 말하지 않았다. 그저 잡담만 나누었다.

드디어 금요일, 구원의 소식이 날아왔다.

"그쪽 협회를 부르기로 했습니다. 꼭 참석해주세요."

그 경험은 내게 큰 가르침을 주었다. 그날 이후 나는 그 사흘 동안 비상 프로그램으로 가동했던 인간관계를 일상의 규칙으로 만들었다. 일주일에 적어도 세 번은 다양한 상대와 만났다. 이유도 주제도 없었다. 그냥 서로 얼굴을 보는 것으로 족했다. 대부분 대화는 개인적인 내용이었다.

"아드님 독감 심하게 들었던 건 괜찮아졌어요?"

중요한 의원의 여성 보좌관에게 만나자마자 이렇게 묻는 식이었다.

정부 부처 실장에게는 휴가 계획에 대해 묻거나 지금 읽고 있는 소설책 이야기를 했다. 예전엔 그런 만남을 무의미한 시간 낭비라고 생각했다. 하지만 정치적인 대화를 배제한 만남이 잦아질수록 사람들은 실무에서도 내게 활짝 마음을 열었다.

뇌의 게으름을 이용하여 낯선 사람을 친구로 만드는 또 하나의 방법이 있다. 우리의 뇌는 친숙한 것이라면 무조건 좋아한다. 이 점을 이용해 타인의 호감을 얻는 정말 놀랍도록 간단한 방법이다. 바로 그 사람을 최대한 자주 만나는 것이다. 자주 보기만 해도 당신에 대한 호감이 커질 것이다. 너무나 자동적으로 말이다.

심리학에서는 이를 두고 '단순 노출 효과Mere exposure effect'라고 부른다. 이 효과가 통하려면 몇 가지 전제 조건이 있다. 먼저, 상대가 첫 만남을 부정적으로 생각하지 않아야 한다. 부정적으로 생각할 경우 만날수록 비호감도가 커진다. 하지만 첫 만남이 최소한 중립적이라면 만날수록 호감도가 높아진다.

이 유용한 효과는 실험에서도 입증되었다. 실험 참가자들에게 각각 횟수를 달리해 어떤 강의에 출석하게 했다. 한 사람은 딱 한 번, 다른 사람은 여덟 번, 또 다른 사람은 열다섯 번 강의

실에 들어가게 한 것이다. 이들은 대학생들 사이에 그냥 앉아만 있었다. 아무하고도 말을 하지 않고 수업 시간에 질문을 하지도 않았다.

나중에 그 강의를 들은 학생들에게 그들의 사진을 보여주며 이 중에서 가장 호감이 가는 얼굴이 누군지 물었다. 결과는 놀라웠다. 제일 많이 출석한 사람을 가장 호감이 가며 가장 매력적인 얼굴로 꼽았다. 그 누구도 그들과 개인적인 접촉을 한 적이 없었는데도 말이다.

직장생활은 쓸데없는 것 같은 회의와 만남의 연속이다. 내용만 뜯어보면 사실 쓸데가 없다. 다들 자기 이야기만 할 뿐, 정보를 얻는 것도 지혜를 얻는 것도 아니다. 다들 제자리를 향해 흩어지면서 투덜거린다. "이 무슨 시간 낭비야!"

하지만 단순 노출 효과를 아는 사람이라면 모든 만남이 유익하다는 사실도 알 것이다. 날로 친밀도를 높여가다 보면, 언젠가 결정적인 순간에 그 아무짝에도 쓸모없다고 생각했던 만남의 시간이 톡톡히 제값을 할 것이다.

당신을 위해 무언가 해줄 수 있는 사람일수록 개인적인 만남을 자주 가지라. 상사가 "나하고 점심 같이 먹을 사람?" 하고 물어보면, 모니터 뒤로 몸을 숨기며 "선약이 있어서……" 하고 웅얼거릴 것이 아니라 번쩍 손을 들라. 상사가 저 멀리서 보이기만 해도 돌아갈 것이 아니라 당당히 상사를 향해 걸어가 정중하게 인사를 하는 것이 좋다.

쓸데없는 회의라도 솔선수범하여 참여하도록 한다. 누군가에게 용건을 말할 때도 전화만 하고 말 것이 아니라 아주 잠깐이라도 얼굴을 보고 이야기를 나누어라. 전화로 하면 5분이면 되지만 만나러 가면 하루가 다 가버린다고? 그래도 가라. 가서 얼굴을 보고 이야기하라.

중요한 인물, 중요한 자리에 오를 가능성이 있는 인물에게는 무조건 자꾸 얼굴을 비춰야 한다. 단순 노출 효과는 당신이 그 사람을 계획적으로 만났는지 우연히 만났는지와 전혀 관련이 없다. 중요한 것은 당신이 스스로를 노출시켰다는 사실이다.

타깃으로 삼은 인물이 지금 당신을 알지 못해도 상관없다. 또 당신의 노출 노력을 그가 의식하지 못해도 괜찮다. 앞의 실험 결과를 보면 확실히 알 수 있듯이 당신은 누군가를 알기 전부터 그들의 호감을 얻을 수 있다. 승진이 걸렸을 때 당신 상사의 상사는 반드시 당신에게 유리한 말을 할 것이다. 당신이 시도 때도 없이 엘리베이터에서, 복도에서 그와 마주치며 인사를 했다면 말이다. 당신이 그 상사를 공식적으로 알기 전부터 이미 그의 호감을 살 수 있다.

## 페이스북 원칙을 이용하라

나는 '여왕'을 했다. 아직 업계에 발을 들여놓은 지 얼마 되지 않아서 아는 사람이 별로 없을 때였다. 경험 많은 선배가 아는 사람이 없어도 행사에서 우아하게 보일 수 있는 방법을 가르쳐주었다. 들어가자마자 그 방의 제일 끝에 있는 한 사람을 찍어(모르는 사람이라도 상관없다) 예전부터 잘 아는 사람인 양 그를 향해 당당하게 걸어가는 것이다.

가는 동안 여왕처럼 양쪽의 모든 사람에게 짧게 목례를 건네며 "안녕하세요?", "반갑습니다"를 연발한다. 모두가 머릿속으로 '어디서 보았더라?' 고민하면서 당신의 인사에 답할 것이다. 보통은 방의 끝에 도달하기 전에 아는 사람을 만나서 걸음을 멈추게 된다. 그렇지 않으면 아무한테나 다가가서 자기소개를 한다. 상대 역시 반가워하며 자기소개를 할 것이다. 그렇게 많은 사람에게 인사를 건네는 사람인데 누군들 사귀고 싶지 않겠는가. 어쨌든 주눅이 든 표정으로 "나 햇병아리요" 광고를 하면서 입구에서 두리번거리지 않아도 된다.

나는 그날 방을 가로지르는 도중에 한 동료를 만나 대화를 시작했다. 저쪽에 또 한 사람 지인이 있었다. 로비스트로 활동한 지 며칠 만에 알게 된 사람이었다. 우리 업계를 담당하는 정부 부처 관료였다. 인상이 험악한 중년의 남자로 권력의 기운을 마구 뿜어댔다. 물론 교만과 거만의 기운도 함께 내뿜었음은 말할 것도 없다.

특히 그는 남자들에게 인기가 없었다. 아마도 남자들 특유의 경쟁심리 탓이었을 것이다. 하지만 나는 그가 마음에 들었다. 그의 건조한 유머와 직설적인 말투에 호감을 느꼈다.

잠시 후 그가 사람들을 뚫고 걸어가기 시작했다. 모두가 자기한테 말을 걸어주기를 은근히 고대하면서. 이야기 중이던 옆의 동료가 내 귀에 속삭였다.

"대단하네. 저 카리스마 좀 봐! 저런 사람하고는 될 수 있는 대로 안 마주치는 게 상책이야. 저런 사람하고 친해지고 싶어?"

그 순간 놀라운 일이 일어났다. 그 실력자가 햇병아리인 나를 향해 다가와 악수를 청하더니 나와 한동안 이야기를 나누었던 것이다. 나는 곁눈으로 동료의 당황한 표정을 흘깃거리며 즐거워했다.

그가 가고 나서 동료가 물었다.

"어떻게 한 거야? 나는 저 사람하고 인사 한번 나누려고 몇 년을 기다렸는데."

"아주 간단해요. 내가 저 사람을 좋아하거든요. 그리고 저 사람이 그걸 눈치챘고요."

시간이 별로 없을 때 빠르게 상대의 마음을 사로잡을 수 있는 세 번째 방법을 소개한다.

페이스북 계정이 있는 사람이면 이런 재미난 현상을 경험한 적이 있을 것이다. 당신이 어떤 사람의 계정에 들어가 '좋아요'를 자주 누를수록 당신도 '좋아요'를 더 많이 받는 현상 말이다. 물론 다른 사람의 글에 칭찬 댓글을 많이 달수록 당신의 글에 달리는 칭찬 댓글도 많아진다.

심리학에서는 이를 두고 '상호적 애착Reciprocal affection'이라고 부른다. 전문적인 느낌이 나는 용어지만 알고 보면 의미는 간단하다. 우리 모두는 타인의 사랑과 인정을 갈망한다. 그래서 누군가 우리를 좋아한다는 얘기를 들으면 너무 기쁜 나머지 즉각 그에게 사랑을 되돌려주게 된다. 간단히 말해, 우리는 우리를 좋아하는 사람을 좋아한다는 뜻이다. 혹은 적어도 우리를 좋아할 것이라고 예상되는 사람을 좋아한다.

한 실험에서 두 명의 실험 참가자에게 각각 만남을 주선했다. 그중 한 사람에게는 만나게 될 상대가 그를 무척 좋아한다고 말했고, 다른 한사람에게는 좋아하지 않는다고 말했다. 상대가 자신을 좋아한다는 소리를 들은 참가자는 만남에서 친절하고 개방적인 태도를 취했다. 반대의 경우는 냉담한 거부의 반응을 보였다.

두 실험 참가자의 상대에게는 사전에 아무 말도 하지 않았다. 그들은 참가자들의 태도를 보고 자신이 얼마만큼 호감을 샀는지 추측했고, 그를 바탕으로 애정이나 거부의 반응을 보였다. 그리하여 상호적 애착의 순환이 시작되었다. 상대가 나를 좋아한다고 생각하는 두 사람의 대화가 더 활기차고 화목한 분위기를 띠었으리라는 사실은 누구나 쉽게 예상할 수 있을 것이다.

상호적 애착의 순환은 밤낮을 가리지 않는다. 때로 우리는 근거도 없이 상대가 나를 좋아하지 않는다는 잘못된 판단을 내린다. 그 비슷한 소문을 들었거나 상황을 오해했기 때문이다. 가장 전형적인 사례가 인사다. 아는 사람을 길에서 만났는데 그가 인사를 하지 않으면 당신은 당장 이런 생각을 한다. '아, 저 사람이 나를 싫어하나 봐. 그럼 나도 좋아하지 않을 거야.' 그리고 얼른 시선을 피해버린다. 미처 당신을 알아보지 못했던 상대가 그제야 인사를 하려고 하지만, 당신은 이미 눈길을 돌리며 도망치고 있다. 상대는 생각한다. '아하, 저 사람이 나를 싫어하는구나. 그럼 나도 안 좋아할래.' 다음 날 다시 마주친 두 사람은 인사도 하지 않고 얼른 시선을 피한다. 이런 사건으로 인해 남은 인생을 원수처럼 피해 다니는 사람들이 얼마나 많은지 모른다.

실제로 우리는 싫어하는 사람이 너무 많다. 어리석게도 나를 도와줄 수 있는 사람, 나를 좌지우지할 수 있는 사람을 싫어한다. 우리는 자유를 사랑하고 종속을 싫어한다. 그래서 자신의 행복을 좌우하는 사람일수록 좋아하기가 쉽지 않다. 하지만 이런 일은 치명적이다.

대부분의 부하직원은 상사를 좋아하는 것이 마치 무슨 범죄인 양 법석을 떤다. 술집에서 상사 욕을 하지 않는 사람, 상사의 아이디어를 나쁘다고 평가하지 않는 사람, 상사의 통솔 스타일을 밥맛없다고 비난하지 않는 사람, 상사를 변호하는 사람은 동료들 사이에서 의심을 받는다. 그러면서도 연봉 인상에 번번이 실패한다고 깜짝 놀란다. 내가 진심으로 싫어하는 사람, 내가 입만 열면 욕하는 사람이 나를 좋아하고 나를 지원해줄 것이라고 어떻게 기대할 수 있단 말인가?

당신이 몰래 비웃는 고객을 생각해보라. 당신은 그 고객이 전화만 걸어오면 짜증을 낸다. 상호적 애착은 정확한 예상을 가능하게 한다. 당신이 그 고객으로부터 대규모 수주를 받을 수 있을 것이라고 생각하는가?

그렇다고 세상 모든 사람을 사랑해야 한다는 말은 아니다. 하지만 많은 사람을 사랑하면 내 삶이 수월해진다. 그리고 생각보다 사람들을 사랑하는 것이 어려운 일도 아니다. 모든 사람에게는, 심지어 불구대천의 원수에게도 감탄하고 존경할 만하며, 좋아할 수 있는 구석이 있기 마련이다. 굳은 결심으로 마음을 고쳐먹고 이런 점을 찾아보라. 부정적 감정과 스트레스를 경감할 수 있을 뿐 아니라 소망의 성취에도 성큼 더 다가갈 수 있을 것이다.

당신에게 사랑을 받는다는 느낌이 들면 사람들은 당신을 위해 놀랄 만큼 많은 일을 해줄 것이다. 심지어 도저히 화해가 불가능할 것 같던 관계도 '당신을 좋아해'라는 신호 하나로 순식간에 평화로워질 수 있다.

아주 작은 신호, 아주 작은 애정의 표시로 충분하다. 미소를 짓거나 눈을 크게 뜨고 상대를 바라보기만 하면 된다. 상대가 이야기할 때는 상체를 살짝 앞으로 굽히거나 개인적인 관심을 보인다. "주말에 산에 갔다며? 어땠어요?" 상대의 말에 귀를 기울이고 상대의 자세를 따라 하는 것도 좋은 방법이다.

소문을 활용해도 좋다. 상대와 나를 다 아는 사람에게 이렇게 말하는 것이다. "나는 그 사람이 좋아." 이 방법으로 사이가 안 좋은 두 사람을 화해시킬 수도 있다. 두 친구가 서로 안 보고 지낸다면 각각에게 이렇게 말해보라. "그 애가 사실은 너를 무지 좋아한단다. 나한테 슬쩍 고백하는 거 있지?" 그러고 나서 어떻게 되는지 지켜보면 무척 재미있을 것이다.

상호적 애착은 서로 별로 닮지 않은 사람, 강한 거부감을 느낄 만한 사람 사이에서도 통한다. 그러니까 상호적 애착이 유사성의 원칙을 능가하는 셈이다. 그 정도로 사랑받고자 하는 인간의 욕망은 강하다. 누군가 나를 좋아한다는 사실을 알면 다른 모든 원칙을 다 내팽개칠 정도로.

이렇게 잘 통하는 원칙에도 예외는 있다. 상호적 애착도 자존감이 약한 사람에게는 통하지 않는다. 그런 사람은 자아상이 부정적이기 때문에 그런 자아상을 입증하는 사람을 더 좋아한다. 즉, 자신을 칭찬하고 좋아하는 사람보다 비판하는 사람을 더 신뢰하는 것이다. 그러므로 상대가 자존감이 떨어지는 사람이거든 전략을 바꾸어야 한다.

# 006

# 상대의 동기를
# 활용하라

"이번에 휴대전화 새 모델이 나왔다면서요? 그거 하나 가질 수 있을까요?"

전화를 받자마자 그 의원이 말했다. 어쨌든 자기 요구를 들어줄 정확한 협회를 찾긴 했다. 우리 협회 회원들 중에는 휴대전화 기업이 많으니까 말이다. 하지만 정치적 결정에 돈을 주지 않는다는 것이 우리의 원칙이었다. 어쨌거나 돈이나 물건을 주는 것은 안 되었다. 이유는 간단했다. 너무 비싸고 그럴 예산이 없으니까.

흔히들 로비스트들은 가방 가득 돈을 담고서 의미심장한 눈빛으로 정치인들에게 돈을 건넨다고 생각한다. 그

돈의 대가로 원하는 것을 얻어낸다고 말이다.

사실은 그렇지 않다. 많은 로비스트가 출장을 다녀온 후 택시 영수증만 내밀어도 지청구를 듣는다. 공식 일정을 끝낸 로비스트들이 우르르 역으로 달려가는 광경도 아주 흔히 볼 수 있다. 기업이나 단체가 대중 교통비밖에 주지 않기 때문이다. 가방 가득 돈을 채워줄 기업은 없다. 사방에서 "절감", "절약"을 외쳐댄다. 아무리 적은 돈도 세 번은 따져본 후에 지급한다. 돈 가방이라니! 더구나 정치인들에게 줄 돈이라니! 그런 건 꿈도 못 꾼다.

또 다른 이유는 법이다. 공직자, 다시 말해 공직에 종사하는 사람은 근본적으로 외부로부터 수익을 얻을 수 없고 요구해서도 안 된다. 특히 정부 부처의 공무원에게는 법 적용이 엄격하다. 돈으로 일반적인 호의를 주고받는 행위도 처벌받는다. 돈을 준 사람도 받은 사람도 최고 3년의 징역형에 처해진다. 돈이 허가와 같은 특정한 공적 행위로 이어질 경우엔 심지어 최고 5년형을 받을 수도 있다. 그러니까 이렇게 돈을 주는 사람은 로비스트가 아니라 범죄자다.

의원들의 경우 공무원들에 비해 법 적용이 느슨하다. 구체적인 대가성 뇌물만 처벌이 가능하다. 그러니까 내가 그 의원에게 휴대전화를 선물해서 특정 법안에 대한 가결 혹은 부결을 노릴 경우에만 우리 두 사람 모두 최고 5년형을 받을 수 있는 것이다. 그 몇 년 전부터 의원의 뇌물수수에 대한 처벌을 강화하자는 목소리가 나오고 있지만 아직 실현되지는 못하고 있었다. 그에 반대하는 논리가 늘 등장했기 때문이다. 지금까지도 의원들의 기부금 수령은 전혀 문제가 되지 않는다.

사실상 620명이나 되는 의원들이 다 나를 좋아하게 만들 수는 없다. 그러자면 의원들에게 일일이 선물을 해야 할 것인데 우리에겐 그럴 예산이 없다. 물론 예외는 있다. 막대한 돈을 퍼부어 정치를 돈으로 사려는 기업도 있기는 하다. 그들이 이용하는 방법은 주로 세 가지다.

첫째, 앞에서 설명한 방법, 즉 의원들에게 돈으로 호의를 표하는 방법이다. 부업으로 공식적인 기업 자문을 맡는 의원들이 적지 않다. 의원은 부업을 해도 된다. 의원이 부업으로 협회의 대표나 기업 로비 부서의 부서장 자리를 맡아도 법적으로는 아무 문제가 없다. 월 수입 1000유로, 연 수입 1만 유로가 넘는 경우에만 부업의 수입을 공개해야 한다. 이는 독일 연방의회 인터넷 사이트에 들어가면 볼 수 있다. 하지만 그런 세세한 부분까지 신경을 쓰는 사람은 별로 없다.

둘째, 정당법의 간결한 문장에 숨은 기부의 방법이다. "정당은 기부금을 받을 권리가 있다." 더구나 금액의 제한이 없다. 기부금은 정당 재정의 중요한 부분이며, 10만 유로가 넘을 경우에만 공개의 의무가 있다.

셋째, 특히 인기가 높은 방법으로 이름하여 '스폰서링 Sponsoring'이다. 기업이 정당의 회의나 행사에 무료로 음식이나 음료, 인터넷 설비, 음악 장비, 그 외 비슷한 것들을 제공하는 방식이다. 회의실 앞은 박람회를 방불케 한다. 기업들이 부스를 열어놓고 홍보를 하는데, 다 엄청난 고가의 임대료를 치룬 부스들이다. 스폰서링의 규제를 요구하는 목소리는 오래전부터 있어왔지만 지금까지도 큰 성과를 거두지 못했다.

이 세 가지 방법은 모두 합법이다. 하지만 세 가지 방법 모두 비판을 받고 있다. 의원들이 하는 모든 행동이 헌법의 구절대로 "오직 양심에 따른 것"인지가 확실치 않기 때문이다. 누가 누구에게 무엇을 위해 돈을 주며, 누가 왜 어떤 입장을 대변하는지 명확하지 않다면 정치적 영향력은 문제를 일으킬 수 있다. 특히 이익을 대변하는 인물이 이익을 결정하는 인물과 동일인이라면 말이다. 따라서 독일 정치자문협회, 즉 독일 로비스트협회는 행동 규약에 이익 대변과 정치적 직위 및 직책의 엄격한 분리를 명백하게 규정하고 있다. 그럼에도 늘 관련 문제가 발생해서, 정치적 이익 대변 시스템의 평판은 항상 쾌청한 하늘이 아니다.

물론 대부분의 경우는 누가 어디서 어떤 영향력을 행사했는지 실제로 확인하기 힘들다. 기업에 호의적인 정당이 기업에 호의적인 법안을 통과시켰다면, 그 이유가 대기업에서 돈을 받아서일까? 아니면, 기업에 호의적인 법안이 원래 기업에 호의적인 정당의 신조와 일치하기 때문일까? 많은 기업이 정당에 수백만 유로를 기부하는 상황에서 이런 궁금증은 너무나 당연하다. 기부금을 안 주었다면 달라졌을까? 그러나 그건 아무도 대답할 수 없는 질문이다. 돈과 대가의 상관관계를 설명하기란 그리 간단한 일이 아니다. 바로 그 때문에 뭔가 찜찜한 기운이 늘 로비스트의 주변을 맴돌고 있는 것이다.

하지만 이것은 정당의 재정 문제이지 로비스트의 일상과는 별개다. 로비스트가 돈으로 일을 한다는 편견은 현실과 거리가 멀다. 오히려 그 반대다. 돈을 뿌리는 로비스트는 예외적인 존재다. 로비스트에게는 뿌릴 돈이 없다. 그래서 나는 전화를 걸어온 의원에게 이렇게 대답했다.

"물론 드릴 수 있습니다. 영수증은 어디로 보내드리면 될까요?"

친밀함의 욕망 이외에도 인간에겐 수없이 많은 욕망이 있다. 그리고 사람마다 그 욕망들의 강도가 다 다르다. 심리학에서는 이를 두고 '동기Motivation'라고 부르는데, 동기란 우리 각자가 지극히 개별적으로 추구하는 특정 종류의 목표를 의미한다. 그러니까 '무엇이 누구에게 어떻게 중요한가?'가 관건인 것이다.

동기는 상대적으로 확고한 인성 특징이다. 하지만 하나의 욕망이 현재 얼마나 강한가는 당연히 외부 상황, 즉 결핍 상태에 따라서 달라진다. 사흘 동안 굶은 사람이 별로 배가 안 고픈 사람보다 식욕이 더 왕성할 것이라는 사실은 삼척동자도 짐작할 수 있다.

몇 가지 중요한 인간의 욕망을 꼽아보면 다음과 같다.

· 인정
· 권력

- 성욕
- 식욕
- 재미
- 소속감
- 안전
- 경쟁
- (물질적) 성장
- 창의성
- 호기심
- 질서
- 휴식
- 조화
- 공정
- 독립성
- 운동
- 안녕

　주변 사람들 각자의 인생 동기를 알면 그들을 내 마음대로 움직일 열쇠를 손에 넣을 수 있다.

　이런 식으로 내가 바라는 대로 남들을 조종하는 것을 꼭 나쁘게 생각할 필요는 없다. 욕망이 충족되면 기분이 좋아진다. 자신의 욕망이 무엇인지 모르거나 욕망에 충실하지 않아서 불행한 사람이 얼마나 많은가? 타인이 그의 욕망을 발견하고 만족시킬 수 있도록 도와주는 것은 중요한 봉사다. 심리 상담 사가 돈을 받고 해주는 일이기도 하다. 타인을 욕망이 충족된 상태, 행복한 상태로 데려가면서 동시에 자신의 목적을 달성할 수 있다면, 그야말로 일석이조에 윈윈Win-win이다. 남을 도우면서 스스로를 돕는 것이니 말이다.

## 상대를 관찰하고 욕망을 읽어내라

그렇다면 당신이 타깃으로 삼은 상대의 동기가 무엇인지 어떻게 하면 알 수 있을까? 솔직히 이를 항상 쉽게 알아낼 수 있는 것은 아니다. 앞에서도 말했듯 자신의 욕망이 무엇인지조차 모르는 사람이 수두룩하다. 모두가 '나에게는 뭐가 중요하지?' 고민하면서 살지는 않는다. 하물며 '내 상대에게는 뭐가 중요하지?' 하고 고민하는 사람이 얼마나 되겠는가?

상대의 동기를 파악하기 위한 첫걸음은 앞서 소개한 인간 욕망의 리스트를 자주 살피고, 사람마다 욕망이 다 다르다는 사실을 이해하는 것이다. 그다음은 상대의 말에 귀를 기울이고 상대를 관찰해야 한다.

- 상대가 어떤 행동을 할 때 어떤 이유를 대는가?
- 상대가 어떤 상황에서 어떤 반응을 보이는가?
- 상대가 언제 기분이 좋은가?

똑같은 제안에도 사람마다 다른 반응이 나올 수 있다. 예를 들어, 당신이 쉐어하우스에 산다고 해보자. 한 사람이 일주일에 한 번 도우미를 불러 청소와 다림질을 시키면 어떻겠느냐고 묻는다. 그 비용은 사람 수에 따라 나누기로 하고 말이다. 동거인들은 이런 대답을 할 수 있을 것이다.

1. 좋은 아이디어네. 우리는 주말에 쉴 수 있잖아.
2. 그러지. 도우미를 쓰면 돈 많은 옆집 사람들도 우리를 깔보지 못할 거야.
3. 싫어, 너무 비싸.
4. 그건 아니라고 봐. 주말에 시간도 많으면서 왜 사람을 써.
5. 싫어, 모르는 사람 집에 들이는 거 안 내켜.
6. 싫어, 청소는 내 손으로 할 거야.

이런 간단한 대답만 봐도 그 사람의 인생 동기에 대해 아주 많은 것을 알 수 있다. 다양한 반응 각각에서 서로 다른 욕망을 읽어낼 수 있다.

1. 휴식
2. 인정, 경쟁
3. (물질적) 성장
4. 공정
5. 안전
6. 독립성

동거인이 남에게 인정받고 싶어 하는 욕망이 강하다는 사실을 알게 되었거든 당신이 그에게 원하는 것이 있을 때마다 그 욕망을 충족시켜주면 된다. 바로 이것이 당신이 원하는 것을 얻는 가장 빠른 길이다. 예를 들어, 비싼 카푸치노 기계를 공동으로 구입하고 싶다면 이 기계의 커피가 얼마나 맛있는지를 강조해서는 안 된다. 그보다는 이렇게 말해야 한다. "집에 놀러 오는 손님마다 입이 쩍 벌어질걸." 이 글을 읽는 지금은 다들 고개를 끄덕일 것이다. 하지만 다시 일상으로 돌아가면 자기중심주의의 물결에 휩쓸리고 만다. 내게는 커피의 맛이 카푸치노 기계 구입의 동기라면, 나도 모르게 이 논리로 상대를 설득하려 드는 것이다.

한편, 모든 사람이 자신이 어떤 일을 하는 이유, 혹은 하지 않는 이유에 대해 말하는 건 아니다. 그럴 때는 관찰을 하는 것 외에 다른 방법이 없다. 실제로 상대의 걸음걸이에서 그의 욕망을 읽을 수 있다. 상대는 사람이 많은 파티장에서 어떻게 행동하는가? 사람이 많으면 말이 많아지는가? 아니면, 구석에 가서 조용히 입을 다물고 있는가? 모두가 잘 먹고 있는지 끊임없이 챙기는가? 그런 행동들은 인정과 휴식, 공정과 조화를 바라는 욕망의 표현일 수 있다.

주말을 어떻게 보내는지 물어보는 것도 좋은 방법이다. 가족과 함께? 요트를 타는가? 축구장에 가는가? 소파에 누워 있는가? 박물관에 가는가? 환경단체 행사에 참여하는가? 이 모두는 안전, 호기심, 경쟁, 휴식, 창의성, 공정을 향한 욕망을 암시한다.

상대의 사무실을 슬쩍 둘러보는 것도 그의 욕망을 알아내는 효과적인 방법이다. 가족의 사진이 책상에 놓여 있는가?(안전과 소속감) 상장이나 졸업증명서가 걸려 있는가?(인정) 직접 찍은 사진을 벽에 붙여놓았는가?(창의성, 인정) 방이 깨끗한가?(질서) 초콜릿이 굴러다니는가?(식욕) 전화를 직접 받는가, 아니면

비서를 통해서만 받는가?(권력)

상대의 얼굴도 그의 동기에 대해 많은 것을 알려준다. 어떤 상황에서 환한 표정이 되는가? 어떤 상황에서 기뻐하고 어떤 상황에서 우울하거나 불행한 표정이 되는가?

이쯤 되면 무슨 탐정 사무소에 온 것 같은 느낌을 받으며 회의가 들 수도 있을 것이다. 주변 사람의 동기를 파악하기 위해 꼭 이렇게까지 해야 할까? 하지만 노력에는 반드시 대가가 따른다.

우선 탐정놀이의 재미가 의외로 클 것이다. 상대의 동기를 깨달을 때마다 "아하!" 소리가 절로 나올 것이다. 그 사람이 왜 과거에 어떤 행동을 했는지도 저절로 이해가 될 것이며, 앞으로 그가 특정 상황에서 어떻게 행동할지도 충분히 예상 가능할 것이다.

동기 파악을 통해 사람을 내 마음대로 움직이는 것이 얼마나 쉬운지 깨닫고 나면, 자기도 모르게 자꾸만 타인의 욕망을 탐구하고 있는 자신을 발견할 것이다. 긍정적인 부수 효과도 있다. 자신의 욕망에도 예민해진다는 것이다. 자신이 행복하려면, 편안하려면 정확히 무엇이 필요한지 이제는 쉽게 깨달을 것이다. 안타깝게도 그것을 정확히 아는 사람은 정말로 극소수다.

## 돈이 득이 될 때, 돈이 해가 될 때

이 장의 시작 부분에서 소개한 이야기에서는 물질적 성장의 욕구, 즉 돈을 향한 욕망이 관건이었다. 사실 돈은 정말로 많은 욕망을 만족시킬 수 있는 보편적 수단이다. 아니, 거의 모든 욕망을 만족시킬 수 있다. 식욕, 안전, 창의성, 인정, 경쟁, 심지어 성욕까지. 돈만 있으면 필요한 거의 모든 것을 마련하여, 앞서 언급한 리스트에 나온 대부분의 욕망을 충족할 수 있다. 제대로만 쓰면 돈은 실제로 큰 행복을 준다.

때로는 아주 적은 돈으로도 충분할 때가 있다. 최근에 스낵바에서 줄을 서 있었는데, 내 앞의 신사가 '팁'이라고 적힌 깡통에 20센트짜리 동전을 집어넣었다. 그걸 본 여자 점원이 너무 감격하여 눈물까지 글썽였다. "오늘 동전을 넣어주신 첫 손님이세요." 그녀는 이런 말을 덧붙였다. "드시다가 모자라거든 저한테 오세요. 더 드릴게요."

하지만 돈이 오히려 해를 끼칠 때도 있다. 그 이유는 앞에서 이미 설명했다. 돈 거래가 항상 합법적인 것은 아니기 때문이며, 또 때로 엄청나게 큰돈이 오가야 하기 때문이다. 20센트로 만사를 해결할 수는 없는 법이다.

거기서 더 나아가 또 다른 문제가 있다. 돈이 동기를 유발하기는커녕 정반대의 효과를 낼 수 있는 것이다. 외재적Extrinsic 보상이 내재적Intrinsic 동기를 약화시키거나 아예 짓밟을 수 있기 때문이다.

심리학에서는 이를 두고 '보상의 숨겨진 대가Hidden cost of reward'라고 한다. 한 실험에서 아이들에게 수학 학습 게임을 시켰다. 처음 아이들은 재미에 푹 빠져 신나게 게임을 했다. 그들을 움직인 동기는 호기심과 재미였다. 며칠 후 게임을 열심히 한 대가로 과자를 주었다. 그다음 다시 과자를 주지 않고 아이들이 수학 게임에 얼마나 흥미를 보이는지 살폈다. 그랬더니 처음과 비교하여 참여도가 급격하게 떨어졌다.

처음에는 자발적으로, 즐거운 마음으로 하던 일이었지만 갑자기 그와 관련하여 외부의 자극이 오게 되면 우리의 뇌는 그 활동을 다시 평가한다. '보상을 해주는 것을 보니 그렇게까지 괜찮은 활동은 아닌가 봐.' 외부의 보상이란 불쾌한 일에만 주어진다는 사실을 어릴 적부터 배워왔기 때문이다. 숙제를 마치면 부모는 컴퓨터 게임을 하게 해주거나 TV를 볼 수 있게 허락한다. 하지만 유쾌한 행위 자체(컴퓨터 게임이나 TV 시청)에 대해서는 전혀 보상을 하지 않는다.

기업들마다 이 문제로 골머리를 앓는다. 재미있게 하고 있는 일에 보너스를 주면 오히려 그 재미가 사라질 수 있기 때문이다. 하지만 그렇다고 해서 일하기 싫어하는 사람들에게만 보너스를 줘야 할까? 그건 불공평하다. 이 딜레마는 지금까지도 풀리지 않고 있다.

따라서 외부의 보상으로, 특히 돈이나 그 비슷한 것으로 누군가를 움직이고자 할 때는 돈보다 더 강한 다른 욕망이 있는지 아주 세심하게 살펴야 한다. 호기심, 공정, 재미, 인정, 창의성 같은 동기가 더 강할 경우 돈이나 다른 보상이 오히려 해가 될 수 있다. 하지만 상대가 정말로 불쾌하다고 느끼는 행위를 다른 욕망으로 만족시켜줄 수 없을 때는 돈이 큰 도움이 된다.

이제 인간의 기본 욕망 중에서 중요한 몇 가지를 조금 더 자세하게 살펴보기로 하자.

## 가장 단순한 기본 욕구를 채워주라

채텀하우스 원칙Chatham House Rule은 1927년 영국 왕립 국제문제연구소가 있는 런던 채텀하우스에서 시작되어 그 후 전 세계적으로 다양한 모임에서 적용되고 있다. 각종 회의나 토론장에서 자기 생각을 자유롭게 말하되, 참석자들이 외부에 누가 무슨 말을 했는지 밝히지 않기로 미리 약속하는 것이다. 그러니까 합의된 시간 동안 모두 몸담은 조직이 아니라 자기 개인의 의견을 말하겠다는 합의인 셈이다. 이런 상황을 통해서 다시 한번 확인할 수 있다. 우리가 만나는 사람들은 명패에 적힌 조직의 추상적인 대표가 아니다. 지극히 다른 각자의 행동 동기에 따라 움직이는 한 인간이다. 안타깝게도 우리는 이 당연한 사실을 너무나 쉽게 잊어버린다.

채텀하우스 원칙이 적용된 모임에서는 참가자들이 정말로 속에 있는 생각을 이야기하기 때문에 그야말로 흥미진진한 토론의 장이 열린다. 유명한 의원이 잘난 척하는 가면을 벗고 솔직하게 자기는 아는 게 하나도 없으니 설명을 해달라고 부탁한다. 기업 대표가 실은 고객 보호를 목적으로 하는 이번 수정 법안을 정말로 괜찮게 생각한다고 고백한다. 소비자단체의 활동가가 자기네들의 이번 홍보가 과했다고 인정하면서 예산이 남아서 홍보에 돈을 많이 썼다고 해명한다.

채텀하우스 원칙은 익명성을 보장한다. 때로는 모임 시간 일부에만 그 규칙을 적용하기도 한다. 그럴 때면 사적인 의견을 표명하는 1부와 다시 익숙한 역할로 돌아가는 2부의 극명한 대비가 정말로 재미있다.

공식적인 문제에서 그런 친숙하고 사적인 대화가 오가는 것을 안 좋게 보는 시선도 있다. 하지만 사실은 그래야 합리적인 해결책에 가장 가까이 다가갈 수 있다. 여론이 자신에게 기대하는 역할을 해야 한다는 압박감에서 벗어날 수 있기 때문이다. 이런 '비밀 회동'을 비판하는 기자들조차 그 사실을 잘 알고 있다. 그래서 기자들도 정치인들이나 이익단체들과 친숙한 '뒷담화'를 나눈다. 친숙한 관계가 늘 좋은 결과를 낳는 것은 아니지만 그렇다고 해서 반드시 나쁜 것만도 아니다.

채텀하우스 원칙이 적용되건 안 되건 그런 모임에선 건지는 것이 많다. 하지만 베를린에는 워낙 그런 행사가 많다 보니 경쟁이 무지막지해서 모임마다 참가자를 구하기 위해 투쟁을 벌여야 한다. 많은 사람이 참석하겠다고 해놓고 며칠 전에 급한 일정이 생겼다거나 일이 너무 많다거나 하는 핑계를 대며 거절한다. 그래서 모든 모임이 결석률이 높다.

우리 역시 주최하는 모임의 참가자 숫자를 높일 수 있는 방법을 고민했다. 이것저것 각종 방법을 써봤다. 장소를 바꾸고 시간을 달리하고 말발 좋은 강사를 부르기도 했다. 하지만 다 큰 효과는 없었다. 한번은 이 문제로 고민 중일 때 전화가 울렸다. 한 의원이 모임의 일정을 물어보기 위해 전화를 한 것이었다. 그는 조건을 달고 참석하겠다고 했다.

"스테이크 레스토랑에서 모임을 열면요."

그 순간 번쩍 아이디어가 떠올랐다. '다음 모임에선 먹을 것을 제공하자!' 곧 아이디어를 실행에 옮겼다. 모임을 저녁식사 회동으로 바꾸었다. 솜씨 좋은 요리사가 실력을 뽐낸 맛난 음식이 나왔다. 그러자 사람들이 몰려들었다. 아니, 달려들었다. 결석율이 눈에 띄게 떨어졌다. 사람들은 몇 주 동안 굶은 듯 허겁지겁 음식을 먹어댔다.

의원 사무실의 직원들에게 환영 파티에 가는 이유를 물어보면 아주 간단한 대답이 나온다. "먹을 게 많잖아요." 때로 세상은 그렇게 단순하게 돌아간다. 그러나 오히려 너무 단순해서 그 큰 효과를 짐작하지 못한다. 해결책은 뭔가 더 복잡해야 할 것 같다는 막연한 믿음 때문이다.

음식을 향한 기본 욕구는 인간관계를 체계적으로 지원하는 여러 욕망 중 하나다. 그런데도 독자적인 연구 분야가 만들어진 것은 얼마 되지 않았다. 이름하여 '음식심리학Food psychology'

이다. 이 학문은 무엇보다 감정이 우리의 식사 행동에 어떻게 영향을 미치는지에 초점을 맞춘다. 예를 들어, 식이장애는 어떻게 생기는지 등을 연구하는 것이다. 그런데 최근에 와서는 그 반대의 관계도 연구하고 있다. 음식이 우리의 감정에 어떤 영향을 미치는지, 사람과 사물에 대한 행동에 어떤 영향을 미치는지에도 관심을 갖게 된 것이다. 그로부터 '무드 푸드Mood-food'라는 개념이 발전했다. 의도적으로 분위기에 영향을 주는 음식이라는 의미다. 이에 대한 여러 연구 결과로 미루어 볼 때 지극히 간단한 트릭으로도 놀라운 효과를 경험할 수 있다. 즉, 인간관계에 음식을 끌어들이는 것이다.

어떤 기업이 내게 자문을 청한 적이 있었다. 주중에 부드러운 분위기의 팀 미팅을 개최하려 했지만 잘되지 않는다고 말이다. 전 직원이 만나 친목을 도모하고 정보를 교환하자는 것이 원래 취지였다. 하지만 업무 시간 중에 자리를 마련하다 보니 참석 인원이 극소수였다. 많은 수가 시간이 없다고, 일이 많다고, 중요한 약속이 있다고 참석하지 않았다. 중요한 업무가 있다는데 그걸 놔두고 미팅에 오라고 하는 건 말이 안 되었다. 이에 딱 한마디 조언을 했다. "음식을 제공하세요!" 그 기업은 다음 미팅 때 인근 식당에서 뷔페를 주문했다. 정말로 그때부터는 전 직원이, 병원에 누워 있는 사람만 빼고 거의 빠짐없이 참석했다.

다들 이사를 해본 경험이 있을 것이다. 친구들이나 지인들에게 이사를 도와달라고 부탁해본 적도 있을 것이다. 그럴 땐 부탁 끝에 한마디만 덧붙이면 된다. "이사 끝나면 내가 한 턱 크게 쏜다!" 그럼 이야기는 끝난다. 당신 혼자서 힘들게 이삿짐을 정리할 필요가 없다.

누군가에게 원하는 바가 있거든 식욕이라는 기본 욕구를 활용할 수 있을지 고민해보는 것이 좋다. 식사 대접을 하면서 부탁을 하면 사람들은 훨씬 흔쾌히 호의를 베푼다. 숙박을 제공할 경우에는 상대가 도움을 줄 가능성이 월등하게 높아진다. 회의나 강의 시간에도 초콜릿 바를 몇 개씩 나누어주면 분위기가 훨씬 부드러워진다. 이 작은 트릭으로 원하는 것을 대부분 얻을 수 있다. 우리는 그렇게 단순한 동물이다.

## 신체적 매력도 무기가 된다

그 의원은 정말 중요한 인물이었고, 그만큼 무척 바빴다. 하지만 반드시 그와 약속을 잡아야 했다.

대부분의 의원은 무지막지하게 바쁘다. 사람들은 흔히 의원들이 하는 일이 뭐가 있냐고 생각하지만 일주일만 의원의 뒤를 쫓아다녀 보면 아마 생각이 싹 바뀔 것이다. 독일 연방의회 의원은 각종 경조사에 참석해야 하고, 지역구 주민들을 만나야 하며, 끝도 없이 회의를 해야 한다. 품이 적게 드는 일이 아니다. 정치인이라는 직업은 잠이 많거나 눈치가 없는 사람들은 절대로 할 일이 못 된다.

의회에선 2주에 한 번 꼴로 회의 주간이 돌아온다. 그 한 주 동안의 일정은 보통 다음과 같다.


월요일: 분과위원회 회의, 같은 주 출신 의원 회의, 원내 교섭단체 의장단 회의

화요일: 오전은 원내 교섭단체 분과위원회 회의, 오후는 원내 교섭단체 전체 회의

수요일: 오전은 분과위원회 회의, 오후는 총회, 저녁은 의회의 밤(이익단체가 주최하는 의회 및 정부 인사 회의)

목요일: 총회(높은 빈도로 늦은 밤까지 이어짐)

금요일: 오전 총회


회의마다 주제가 다르고 그 주제마다 예습과 복습이 필

요하다. 원내 교섭단체 의원들과 함께 법안을 만들고 질의서와 의견서를 작성한다. 그러는 사이 평상시처럼 사무실 일도 보아야 한다. 의원도 직원들의 상사이기에 사무실이 잘 돌아가게 신경을 써야 하는 것이다.

회의가 없는 주에는 지역구 사무실에 가서 지역 주민들의 민심을 살핀다. 부업이 있을 경우 부업에도 시간을 투자해야 한다. 그러는 중에 또 기자들과 만나고 이해집단 대표들과도 만나야 한다.

그 중요한 의원과는 벌써 두 번이나 만나기로 했었지만, 약속 날짜 직전에 그가 두 번 다 약속을 취소했다. 중요한 박람회가 코앞이었는데도 의원 사무실은 그때까지 일정이 빈 날이 하나도 없다고 통보해왔다.

그런데 우연히 베를린 시내에서 한 여성 동료를 만났는데, 방금 그 의원의 사무실에서 오는 참이라고 했다. 그녀는 매우 지적이고 언변이 좋고 현안에 대해서도 정보가 많았다. 더구나 엄청나게 매력적이었고 그 사실을 스스로도 알고 있었다. 그녀가 웃으면서 말했다.

"1시간 반이나 수다를 떨었어요."

"언제 약속을 잡았는데요?"

내 물음에 그녀가 이렇게 대답했다.

"이틀 전에요. 할 일이 없나 봐. 여유로우시던데."

　우리가 지나치기 쉬운 욕구가 하나 더 있다. 이 욕구의 힘을 몰라서가 아니라 왠지 그것을 인정하기가 선뜻 내키지 않기 때문이다. 이 이야기를 읽고 무슨 생각이 들었는가? 남성중심적인 저자라고? 남성중심적인 세상이라고? 여자를 들먹일 때는 늘 외모 이야기뿐이라고? 이렇게 신체적 매력이, 즉 섹스 어필이 침실 밖에서도 큰 영향력을 발휘한다는 사실을 대부분의 사람은 인정하지 않으려 한다.

　하지만 이것보다 더 과학적으로 명확하게 입증된 사실은 없다. 한 실험에서 참가자들에게 두 종류의 입사 지원서를 읽어보게 했다. 지원서는 내용은 똑같은데 지원자의 사진만 달랐다. 그것을 보고 실험 참가자들이 지원자의 능력을 평가하는 실험이었다. 결과는 모두의 예상과 같았다. 매력적인 지원자가 그렇지 않은 지원자보다 더 능력이 뛰어나다는 평가를 받았다. 이력도 스펙도 똑같은데 말이다.

　다들 이런 일을 경험했을 것이다. 매력이 철철 넘치는 여자 동료가 미팅에서 아이디어를 내놓으면 이미 다른 사람들이 수십 번도 더 얘기한 의견임에도 상사가 열렬히 환영한다. 이런 경우가 여성에게만 한정된다고 말하면 그야말로 남성중심주의적인 데다 객관적으로 틀린 주장이다. 여성들은 오히려 신체적 매력이라는 카드를 쓰지 않으려 한다. 몸을 이용해먹는다는 인상을 주기 싫어서다. 이 효과를 일찍부터 파악하여 적극 활용하는 쪽은 오히려 남성들이다. 설문 조사를 해보니 열 명의 남성 중 아홉 명이 외모가 출세에 결정적이라고 답했다. 성형을 출세를 위한 투자로 생각하는 남성들도 적지 않았다. 키가 크고 잘생긴 남성이 그렇지 않은 남성에 비해 10퍼센트나 수입이 많다는 연구 결과도 있다.

성욕은 가장 강하며, 또 가장 금기시되는 욕망이다. 영국의 사회학자 캐서린 하킴Catherine Hakim은 이 진리를 《매력 자본 Honey Money》이라는 제목의 책에 담아냈다. 매력 자본을 좋게 생각할 수도 있고 나쁘게 생각할 수도 있지만, 어쨌거나 분명한 건 그게 통한다는 사실이다.

물론 사람마다 매력의 기준은 다르다. 어떤 사람을 두고 모두가 똑같이 매력적이라고 생각하지는 않는다. 타깃으로 삼은 사람의 기준에 당신이 부합하지 않거든 부합하도록 노력하거나 깨끗이 포기하고 다른 타깃을 찾아야 한다. 당신을 매력적이라고 생각하는 사람, 당신을 위해 나서줄 수 있는 사람을 말이다.

## 인정 욕구를 이용해 목적을 이루는 법

법안이 의회의 위원회에 상정되어 있었다. 그 말은 시간이 얼마 없다는 뜻이다. 우리는 일부 내용에 대한 수정을 원했기에 서둘러야 했다.

법안이 의회에 도착하면 패는 다시 섞인다. 내각, 즉 연방정부 차원에서는 의견 일치를 보았을지 몰라도 결정권은 의회에 있다. 의회는 정부 부처의 제안대로 법안을 통과시킬 수도 있고, 수정을 결의할 수도 있고, 아예 거부할 수도 있다.

정부 부처들은 거부나 수정을 피하기 위해 사전에 거물 의원들과 접촉을 시도한다. 그들에게 최대한 법안의 좋은 점을 알리고, 있을 수 있는 의회의 이의에 미리 대처하기 위해서다.

이것도 일종의 로비 작업인 셈이다. 정부 부처가 의원들에게 자기네 법안을 광고하는 것이니까. 객관적으로 보면 너나 할 것 없이 자기 편을 들어달라고 구걸하러 다니는 꼴이다. 이렇게 실제 권력은 항상 의회에 있다.

법안은 일단 의회 총회에 상정되고 그곳에서 1차 심의

를 거친다. 이런 경우의 총회는 항상 목요일에 개최되며 늦은 밤까지 이어지는 일이 많다. 다수가 법안을 조금 더 손보아야겠다는 생각을 할 경우 의회는 해당 위원회에 법안을 넘긴다. 하지만 총회에서는 검토해야 할 법안과 질의가 너무 많기 때문에 종종 논의도 거치지 않은 채 바로 위원회에 위임할 때도 있다. 심의가 아니라 그냥 낭독하는 수준에서 그치는 것이다.

위원회로 넘어간 법안은 해당 위원회가 주도하여 살핀다. 다른 위원회는 공동 자문을 하는 수준에 머문다. 해당 위원회가 법안에 대해 토론을 하고 검토를 하여 결의한 내용을 다시 총회에 제안한다. 총회는 거의 이 제안을 따른다. 그러니까 총회는 법안을 진지하게 검토하는 모임이 아니다. 그러기에는 시간도 없고 지식도 부족하다. 총회에 다시 올라간 법안은 2차 심의와 3차 심의를 마치고 마침내 가결된다.

그러니까 진짜 대화 상대는 위원회 사람들이다. 그래서 다들 의회의 진짜 업무는 총회가 아니라 위원회에서 진행된다고 하는 것이다. 위원회는 아동위원회처럼 핵가족 같은 소규모가 있는가 하면, 예산위원회처럼 41명의 위원을 거느린 대규모도 있다.

이번 법안의 내용은 정보 고지 의무에 대한 것으로, 기업이 고객에게 전달해야 하는 정보가 문제였다. 예를 들어, 어느 시점에 어떤 방식으로 가격, 환불권, 기타 다른 사안 등을 고객에게 알려야 하는가에 대한 규정이었다.

현재 이 정보 고지 의무에 대한 법안은 아무도 정확한 내용이 뭔지 알 수가 없을 정도로 복잡하다. 인터넷에서 물건을 구입하거나 판매해본 사람이라면 다들 알 것이다. 온라인 판매자는 어마어마한 분량의 정보를 전달해야 한다. 고객이 주문을 하기 전, 주문을 할 때, 주문을 한 후, 인터넷 사이트에다, 이메일로, 휴대전화 문자로. 하지만 이 정보들을 꼼꼼하게 살펴보며 정독할 고객은 별로 없다. 또 법적인 요구 사항을 100퍼센트 지킬 수 있는 여력이 되는 기업도 별로 없다. 그러다 보니 정말 중요한 것은 정보의 홍수에 휩쓸려가 버리고 이 법안은 기업끼리 서로를 정보 고지 의무 위반으로 고발하는 데만 이용되었다. 결국 법무부까지 나서 고객에게 발송하는 정보의 양식을 정했지만 법원에서 부적절하다는 판결을 받은 상황이었다.

당시 제출된 수정 법안 역시 우리가 보기엔 현실과 너무 동떨어진 것이었다. 여러 가지 대안이 있었는데, 하필이면 그중에서 소비자가 이해하기에는 너무 복잡하고 기업이 이행하기에는 비용이 너무 많이 드는 최악의 버전이 선택된 것이다. 소비자에게는 도움이 안 되고 기업에는 불필요한 비용을 발생시키는, 그야말로 '비극적인' 법안이었다. 하지만 우리는 더 간단한 해결책을 알고 있었다. 기업의 비용은 줄이면서 소비자의 이해를 도울 수 있는, 기업과 소비자 모두에게 득이 되는 방안이었다.

문제는 우리가 공식적으로 제안서를 낼 경우 그것이 빛한번 못 보고 서랍으로 들어갈 확률이 높다는 데 있었다. 우리가 다루는 것은 소비자보호법이었으므로, 재계에서 나온 제안은 일단 삐딱한 시선을 받고 내용이 좋건 안 좋건 선입견을 주게 될 것이었다. 더구나 정치인이 들을 수 있는 최악의 말은 재계의 입장을 대변한다는 비난이었다. 다양한 사람이 완전히 따로따로 각자의 신념에 따라 다른 사람의 의견을 받아들이지 않고도 동일한 입장을 취할 수 있건만, 우리의 제안을 지지하는 의원은 재계의 편이라는 무조건적인 의심을 피할 길이 없었다.

자, 그럼 이제 어떻게 해야 하나?

나는 해당 위원회의 의원 두 명과 약속을 잡았다. 각 원내 교섭단체에서 각각 한 사람씩을 택했다. 그리고 그들에게 우리의 제안서를 건네주면서 우리는 공식적으로 이 제안을 발표하지 않겠다고 말했다. 우리는 헤어졌고 나는 무슨 일이 일어날지 지켜보았다.

내 계산이 맞았다. 오래지 않아 여당의 아무개 의원이 새로운 수정안을 제시했다는 기사가 신문에 났다. 내가 많이 보던 내용이었다. 그와 동시에 야당 측 의원도 아주 비슷한 제안을 내놓았다. 결국 위원회의 논점은 '누가 먼저 이 아이디어를 내놓았느냐'로 모아졌다. 그렇게 의견이 일치되다 보니 법안의 수정은 아무 걸림돌 없이 일사천리로 진행되었다.

또 하나 모두가 너무나 잘 아는 욕망은 바로 '인정 욕구Desire for recognition'다. 문제는 그것을 위해 경쟁을 하느라 진짜 목표를 놓치는 것이다.

남들에게 인정받고 싶은 욕망보다 더 우리를 자극하는 것은 없다. 누구나 인정을 받고 싶어 한다. 그래서 우리는 자존감을 높이기 위해 많은 일을 한다. 자존감에 목숨을 거는 사람도 많다. 하지만 자존감은 때로 우리가 이루고자 하는 다른 목표와 경쟁을 한다. 그럴 때엔 결정을 내려야 한다. 인정을 받아 우리의 자아를 어루만질 것인가, 아니면 다른 목표를 추구할 것인가 양단간에 선택을 해야 하는 것이다.

일상생활에서는 이런 사실을 인식하지 못할 때가 많다. 상대를 설득하고 싶을 때에는 그에게 가서 나의 멋진 아이디어를 선보이고 싶은 충동이 솟구친다. 그래서 그와 토론을 벌여 그에게 나의 아이디어를 납득시키고 나의 논리가 더 뛰어나며 그가 틀렸음을 입증하려고 하는 것이다. 이에 대해서는 1장에서 이미 설명한 바 있다.

하지만 명성과 인정의 욕망이 너무 크다 보니 누구도 자기가 틀렸다고 인정하지 않으려 한다. 하물며 다른 사람의 입을 통해 내가 틀렸다는 말이 듣고 싶을 리가 없다. 그러니 당신이 설사 토론에서 이긴다고 해도 그 밖의 목표는 달성하지 못한다.

이런 사실에서 우리는 몇 가지 간단한 규칙을 끌어낼 수 있다. 자기 뜻을 관철하려는 사람이라면 꼭 지켜야 할 규칙이다.


1. 토론하지 마라.
2. 상대의 말을 반박하지 마라(어차피 상대는 자기 생각을 버리지 않는다).
3. 비판하지 마라.


나에게 자문을 구하는 여러 기업의 간부들은 '올바른' 비판의 방법을 자주 묻는다. 아마 대부분의 기업 자문은 이런 상황에서 그동안 우리가 익히 들었던 비법들을 일러줄 것이다. 먼저 장점을 칭찬하라, 객관성을 잃지 마라, 인신공격을 삼가라 등등…….

하지만 진실은 다르다. 진실은 지극히 단순하다. 우리는 '올바르게' 비판할 수 없다. 세상 모든 사람은 비판을 싫어한다. "어떤 비난도 달게 받겠어요. 허심탄회하게 말씀해주세요"라고 공언한 사람도 마찬가지다.

인정과 존중, 사랑을 향한 인간의 욕망이 너무나 크기 때문에 모든 비난은 모든 사람의 마음을 아프게 한다. 만인을 행복하게 만드는 비판은 존재하지 않는다. 비판받은 사람이 방을 나가며 "내가 잘못했다는 다정한 말씀을 듣고 나니 정말 내가 잘못했다는 걸 알겠어. 덕분에 기쁘고 감사하고 갑자기 의욕이 불끈 솟는 것 같아"라고 말할 올바른 비판 같은 것은 이 세상에 없다.

부하직원들 역시 이런 사실을 명심하고 상사를 비판하면 안 된다. 상사도 사람이다. 아무리 솔직한 비판을 요구한다 해도 여전히 비판을 들으면 상처를 입는다. 모든 기업이 나서 비판 정신을 강조하는 세상이지만, 부하직원들에게 사사건건 트집을 잡는 상사가 인기가 없듯 상사를 향한 신랄한 비판을 쏟아내는 부하직원 역시 호감 스타일은 아니다.

'입을 열고 상대에게 내 의견을 당당히 말하는 것'이 미덕으로 통하는 세상이기는 하다. 하지만 항상 당신이 무엇을 원하는지 자문해야 한다. 자신의 의견을 말하고 싶은가? 아니면, 자신의 의견을 관철하고 싶은가? 이것은 근본적으로 서로 다른 목표이며, 그 달성에는 근본적으로 서로 다른 행동방식이 요구된다.

상대에게 내 의견을 말하지 않고 상대를 반박하거나 비판하지 않으려면 한 가지가 필요하다. 즉, 인정받고 존중받고 싶은 자신의 욕망을 뒷전으로 밀어놓아야 한다. 내가 옳고 싶은 욕망을 눌러야 하는 것이다. 사실 내 의견이 있는데 입을 다물고 있기란 죽기보다 힘들다. 상대방 못지않게 나의 욕망도 강하기 때문이다.

그러나 당신이 목표를 달성하는 길은 오직 자신의 에고ego를 무시하는 것뿐이다.

그렇다면 비판과 지적 대신 당신이 할 수 있는 일은 무엇일까? 상대에게 그가 필요로 하는 인정을 선사하는 것이다. 잘난 척 떠들지 말고 상대에게 당신의 멋진 아이디어가 다 그의 덕분이며 그에게서 나온 것이라고 믿게 만들어야 한다.

어렵지 않다. "우리가 어떻게 하면 될까요?", "이런저런 방향으로 아이디어가 있으십니까?", "제안을 해주시지 않으시겠어요?" 등 몇 가지 의도적인 질문만으로 이미 상대는 당신이 원하는 쪽으로 오게 되어 있다. 그것이 자신의 아이디어라고 믿으면 상대는 그 자신의 아이디어를 실현하기 위해 예상치 못했던 힘을 발휘할 것이다. 남의 아이디어라고 생각하면 아예 관심도 두지 않을 텐데 말이다.

아니면, 모자란 척하면서 처음부터 상대에게 도움을 청하라. 이런 방법을 두고 '소크라테스 방식Socrates Method'이라고 부른다. 철학자 소크라테스처럼 상대에게 계속적으로 교묘한 질문을 던져서 내가 원하는 결과를 마치 상대의 아이디어인 양 착각하게 만드는 방법이다.

상대를 비판하지 말고 칭찬하라. 내일이 오지 않을 것처럼 열과 성을 다해 칭찬하라. 너무 지나치지 않을까 걱정하지 않아도 된다. 모든 인간은 칭찬에 목마른 사슴이다. 상대에 대한 칭찬은 내게 더 유리하다는 사실을 잊지 말라. 누군가 당신에게 지나가는 투로 "오늘 왜 그렇게 예뻐요?"라든가 "정말 잘했네요"라고 말한다면 그날 당신은 하루 종일 기분이 좋을 것이다. 그의 소망을 들어주고 싶은 마음이 솟구칠 것이다. 그것이 인간이다. 모든 인간이 다 그렇다.

한 실험에서 웨이터가 식당을 찾은 손님에게 메뉴를 정말 잘 골랐다고 칭찬을 했더니 팁 액수가 눈에 띄게 높아졌다. 칭찬의 힘은 이렇게 막강하다. 이런 칭찬을 할 때도 그 효과를 증폭시킬 수 있는 트릭이 있다. 바로 '우편비둘기식' 칭찬이다. 즉, 상대를 앞에 두고 칭찬을 하기보다는 제삼자를 통해 나의 칭찬이 그의 귀로 들어가게 하는 것이다. 둘이 있을 때 칭찬하는 것보다 훨씬 효과가 확실하다. 딴 사람이 있는 곳에서 인정의 욕망을 충족시켰으니 훨씬 더 기쁠 것이 아닌가?

## 원하는 대로 상대를 바꾸는 유령 칭찬

진짜 프로들의 비법을 한 가지 소개하겠다. 아껴 먹는 사탕처럼 오래오래 녹이며 음미해야 할 비법이다. 그것은 바로 이 한 문장으로 요약된다. '비판하고 싶은 바로 그 점을 칭찬하라.' 나는 이것을 '유령 칭찬Phantom praise'이라고 부른다.

상사가 부하직원에게 불만이 있다고 생각해보자. "고객한테 그렇게 불친절하면 어떻게 하나!" 이렇게 꾸짖어서는 절대로 원하는 것을 얻지 못한다. 오히려 자신의 행동이 정당하다는 부하직원의 확신만 더 굳어질 뿐이다. 진짜 기적은 이런 말로 시작된다. "고객에게 친절한 자네 태도가 아주 마음에 들어." 편애가 심한 상사에게 "과장님은 불공평합니다"라고 비판하지 말고 "항상 공평하십니다"라고 칭찬해보라.

말도 안 되는 소리 같다고? 그래서 심리학에선 이를 두고 '역설적 개입Paradoxical intervention'이라고 부른다. 칭찬으로 상대의 마음을 어루만지면 상대는 칭찬을 받은 그 특성에 특히 주의를 기울이게 되고, 그것을 더 키우기 위해 노력한다. 그 칭찬에 어울리는 사람이 되고 싶어 하기 때문이다.

이 효과의 근거는 자기 충족적 예언이다. 이것은 여러 차례 실험으로 입증된 사실이다. 한 실험에서 초등학교 학생들을 두 집단으로 나누었다. 첫 번째 집단의 학생들에게는 재능이 뛰어나다고 말했고 두 번째 집단에게는 아무 말도 하지 않았다. 학기가 끝나고 학생들의 성적을 비교해보니 첫 번째 집단의 성적이 월등하게 좋았다. 수치로도 확인될 정도로 성적이 향상된 것이다. 이 효과는 미국의 심리학자 로버트 로젠탈Robert Rosenthal이 맨 처음으로 입증했기 때문에 '로젠탈 효과Rosenthal effect'라고도 부른다.

◇◇◇◇◇◇◇◇◇◇◇◇◇◇◇◇◇◇◇◇◇◇◇◇◇◇◇◇◇◇◇◇◇◇◇◇◇◇◇◇◇◇◇◇◇◇◇◇

영향력이 별로 없는, 잘나가지 못하는 의원들을 부르는 이름이 있다. 비하하는 뜻에서 '벤치 선수'라고 한다. 누가 강요해서 뒷자리에 앉는 것은 아니다. 독일 연방의회에는 정해진 좌석이 없다. 하지만 그들은 강연에 불려 다니고 신문사와 인터뷰를 하고 방송에 만날 출연하는 동료들처럼 '잘 팔리지' 않기 때문에 뒷자리에 앉는다. 이세상에 타인의 그림자 노릇을 흔쾌히 자청할 사람은 없다. 아무도 그런 짓은 안 한다.

선거 전 아직 의원 배지를 달지 못했던 후보들을 공략했던 나의 전략은 매우 성공적이었다. 그래서 선거 후에는 그 전략을 살짝 변형시켜서 잘나가는 의원들 대신 벤치 선수들과 의도적으로 약속을 잡았다. 약속을 잡기도 월등히 수월했을 뿐 아니라 하필이면 자신을 만나겠다는 내 말에 대부분 많이 놀랐다는 반응이었다. "그 문제라면 잘 모르는 분야인데요" 혹은 "내가 무슨 영향력이 있나요?" 같은 말도 자주 들었다.

하지만 나는 그들을 칭찬했다. 그들이 그 문제에 관심이 많고 정통하다고 말해주었다. 나의 칭찬이 얼마나 현실적인지는 문제가 되지 않았다. 누구도 내 말을 조롱으로 듣지 않았다. 모두가 내 말을 듣고 꼬마 왕들처럼 좋아했다. 나는 대놓고 물었다.

"의원님, 어떠십니까? 이 주제로 능력을 한번 발휘해보실 의향이 있으십니까?"

상대는 당연히 좋다고 대답했다. 능력을 발휘하고 싶은 의향이 없는 사람은 없다. 나는 따로 시간을 내서 한 가지 주제에 대해 자세한 설명을 해주었다. 그리고 회의에서 사람들의 주목을 끌 수 있는 몇 가지 간단한 문장들을 알려주었다. 그들은 내가 일러주는 대로 했다.

다음번에 만났을 때 상대는 눈을 반짝이며 말했다.

"모두 내 말을 경청하며 고개를 끄덕이는 거예요. 내가 그 정도로 요점을 잘 집어낼 줄 아무도 몰랐던 거지요."

상대를 중요한 사람으로 대접하면 많은 것을 얻어낼 수 있다. 상대가 스스로 생각하는 정도, 아니 그보다 조금 더 중요한 사람으로 대접해주면 된다. 물론 말처럼 쉬운 일은 아니다. 우리 모두는 실제보다 자신을 더 대단한 사람으로 생각한다. 심리학에서는 이를 두고 '우월함 망상Illusion of superiority'이라고 부른다. 모두가 자신을 평균 이상으로 능력이 있고 중요하며 매력적이라고 평가한다. 모두가 개리슨 케일러Garrison Keillor의 소설에 나오는 허구의 도시 '워비곤 호수'에 산다고 착각한다. 그곳은 "모든 여자는 강하고 모든 남자는 잘생겼으며 모든 아이가 평균 이상"인 곳이다. 그래서 우월함 망상을 '워비곤 호

수 효과Lake Wobegon effect'라고도 부른다.

다들 만나봤을 것이다. 정체를 알 수 없는 영어 직함이 적힌 명함을 내밀며, 실은 거대한 기계의 나사에 불과하면서 자기가 하는 일에 전 세계의 운명이 걸린 것처럼 허풍을 치는 사람을 말이다. 이때 대응 전략은 두 가지가 있다. 그에게 "뻥치시네"라고 말하는 것 또는 그가 정말로 자기 생각처럼 중요한 인물이며 모든 것을 할 수 있다고 맞장구를 쳐주는 것. 그에게 당신이 원하는 바가 있다면 반드시 두 번째 전략을 선택해야 한다.

그걸 아첨이나 거짓말이라고 생각하는 사람들이 있다. 하지만 반드시 그렇지는 않다. 그 사람은 정말로 자신이 중요한 인물이라고 믿고 있다. 당신은 그저 그에게 거울을 비춰줄 뿐이다. 우리는 서로를 비하하고, 서로의 한계를 지적하고, 서로의 자만심을 억제하는 데 너무 많은 시간을 들이고 있다. 그로 인해 매일 불필요한 언쟁과 짜증이 유발될 뿐 아니라 진짜 핵전쟁이 일어날 수도 있다.

인정받고 싶은 상대의 욕구를 충족시켜주어 그가 그날 밤 행복하게 잠잘 수 있게 만든다고 해서, 더불어 당신의 목적을 달성한다고 해서 무슨 큰일이 일어나겠는가? 결국엔 모두가 행복해질 뿐이다.

그냥 상대에게 관심을 보여주고 그의 말에 귀를 기울이는 것으로 충분하다. 최근 결혼식에 갔다가 재미난 광경을 목격했다. 그날 처음 만난 두 손님이 서로 이야기를 나누고 있었다. 한 노신사와 젊은 남성이었다. 노신사가 젊은 남성에게 족히 30분 동안 뭐라고 떠들었는데 남성은 별말이 없었다. 그런데 그 신사가 나에게 와서 물었다. "저기 저 사람은 누군가? 정말 호감 가는 스타일이야. 어찌나 이야기를 잘하는지 말이야."

## 소망을 이루려면 상대의 이름을 부르라

그 남자는 실망한 표정으로 명찰을 쳐다보았다. 내가 무언가 대처를 하기에는 때가 너무 늦었다. 그날은 우리가 개최한 '정치인의 밤'이었다. 정치인, 기업 대표, 학자, 기자 등이 흥겨운 분위기에서 만나 먹고 마시는 행사였다.

그 전에 우리는 명찰을 인쇄했다. 대부분이 서로 아는 사이라 굳이 명찰이 필요하지는 않았지만 우리는 알고 있었다. 자기 이름과 멋진 직함과 중요한 조직의 명칭이 함께 적힌 명찰을 가슴에 달면서 모두가 얼마나 뿌듯해하는지를. '연방의회 의원', '수석 부사장', '회장', '국장', '교수', '차관' 등의 직함들은 얼마나 그럴싸한가!

지위가 아주 높은 유명인들조차 쉬지 않고 인정받기 위해 투쟁하는 것을 보면 참 재미있다는 생각이 든다. 인정받고 싶은 욕망은 아무리 지위가 높아도, 아무리 TV에 얼굴을 자주 비추어도, 사람들이 아무리 자신을 많이 찾아도 도무지 꽉 채워지지 않는 것이다.

그런 행사에 오면 모두가 다 똑같다. 평범한 사람들이 보면 저 정도면 충분히 남의 인정을 받았을 것 같은 경우에도 겁먹은 시선으로 사람들을 찾아다닌다. 모두가 나를 보고 있나? 모두가 나를 아나? 모두가 나를 존중하나? 나한테 뭘 원하나? 내 권력이 이것밖에 안 되나?

믿을 수 없다는 듯 명찰을 쳐다보던 그 남자는 당시에도 이미 중요하고 유명한 인물이었다. 그리고 훗날에는 장관이 되기까지 했다. 그런 그가 갑자기 명찰을 든 손을 위로 한껏 치켜들었다. 얼핏 누군가에게 손짓을 보내는 듯 보였다. 하지만 그게 아니었다. 그는 손을 내리면서 큰 소리가 나도록 명찰을 바닥에 패대기쳤다. 그러고는 휙 돌아서 방을 나가버렸다.

그리 멀지 않은 곳에 서 있던 나는 허겁지겁 그 자리로 달려가 명찰을 집어 들었다. 명찰에는 이름이 틀리게 적혀 있었다.

독일의 전 대통령 호르스트 쾰러Horst Koehler를 기억하는가? 국가에서 제일 지위가 높은 사람, 세상 어디를 가나 붉은 카펫을 깔아주던 사람. 그마저도 퇴임을 하고 나서 존경과 인정의 결핍을 호소했다. 인정의 욕망은 끝을 모른다. 버스 기사건 대통령이건 다 똑같다.

그런데 상대의 그런 욕망을 가장 처참하게 짓밟을 수 있는 것이 바로 이름이다. 이름을 못 외우거나 잘못 적거나 잘못 말하는 것이다. 대부분의 사람에게 자기 이름은 성스러운 것이다. 이는 과학적으로도 입증되어 '이름 효과Name-letter effect'라는 명칭이 붙은 사실이다. 대부분의 사람은 자기 이름을 자신과 마찬가지로 중요하고 특별한 것이라고 생각한다. 한 실험에서 참가자들에게 자신과 똑같은 이름이 이 세상에 얼마나 많을지 예측해보라고 했더니 실제보다 훨씬 더 드물고 희귀하다고 대답했다.

다른 실험에서는 참가자들을 소음이 굉장한 큰 행사장으로 부른 후 거기서 오고가는 말소리에 어떻게 반응하는지 테스트했다. 그런 장소에선 1미터 이상 떨어지면 어떤 소리도 잘 알아들을 수가 없다. 소음이 너무 커서 가만히 있어도 미칠 것 같고 옆 사람의 말도 잘 안 들린다. 당연히 저 끝에서 사람들이 주고받는 말이 들릴 리 없다.

하지만 예외적인 경우가 하나 있다. 저 구석에서 누군가 자기 이름을 말하면 갑자기 귀가 확 뜨이면서 자동적으로 고개가 그쪽으로 돌아간다. 이 정도로 자기 이름은 중요하다. 그런데 안타깝게도 우리는 이 유익한 사실을 너무나 자주 홀대한다. 누군가 손을 내밀며 자기소개를 하는데 그 순간 딴생각을 하느라고 이름을 알아듣지 못한다. 이메일을 쓸 때도 혹시 상대방 이름을 잘못 적지 않았는지 전혀 확인하지 않는다. 기업이 고객에게 우편물을 보내면서 틀린 이름으로 부치고 심지어 성별도 잘못 기재한다.

예전에 한 고객센터에 전화를 했다가 이런 일을 겪었다.


**고객센터 직원:** 안녕하십니까? 전화해주셔서 감사합니다. 저는 안드레아 슈페르버입니다. 무엇을 도와드릴까요?

**나:** 안녕하세요, 슈페르버 양. 아, 죄송해요. 슈페르버 씨.

**고객센터 직원:** ······.

**나:** 저는 폴커 키츠입니다.

**고객센터 직원:** ……

**나:** 전화를 한 이유는……

**고객센터 직원:** 네, 그런데 성함이 어떻게 되시나요?

**나:** 아까 말씀드렸는데요. 폴커 키츠입니다.

**고객센터 직원:** 아, 네, 키에츠 씨. 키에…… 뭐라고 하셨지요?

상대의 이름을 처음 듣고 바로 외워서 제대로 말하면 상대는 그 일을 평생 잊지 않는다. 예상외로 그런 일이 드물기 때문이다. 상대는 당신을 영원히 기억할 것이다. 그것도 긍정적인 모습으로. 오래전부터 알던 사이라도 이름을 자주 불러주면 상대가 훨씬 당신에게 호감을 보일 것이다.

이름으로 돈을 벌 수도 있다. 한 공익단체가 연극 한 편을 무대에 올리기 위해 기부금을 모금했다. 그런데 기부 실적이 너무 미미해 어떻게 하면 되겠느냐고 나한테 문의를 했다. 나는 아주 간단한 방법을 알려주었다. 기부자의 이름이 적힌 예쁜 명찰을 극장 의자에 붙여주는 것이다. 4주 후 그 단체는 원하는 금액을 모두 모금하는 데 성공했다.

## 안정 욕구라는 '브레이크'를 작동시키라

장관은 약속을 했다. 공식 석상에서 다른 업계에 도와주 겠다는 확답을 한 것이다. 이 업계는 인터넷에 기반한 사 업을 하고 있었는데 관련 법안의 개선을 요구했다. 물론 그 개선안이 통과되면 우리 협회 회원들이 손해를 입을 것이었다. 무슨 수를 쓰더라도 그 개선안을 막아야 했다. 나는 그 법안을 맡고 있는 국장을 만났다. 하지만 법안에 반대하는 논리를 전혀 거론하지 않았다. 법안의 통과는 윗선에서 장관이 결정한 사항이었으니 말이다. 대신 나 는 그 법안을 통과시킬 때까지 거쳐야 할 지난한 과정을 총천연색으로 그려 보였다.

온갖 논리가 펼쳐지고 공개 토론이 연일 이어질 것이다. 그 국장은 TV 토론 프로그램에 초대될 것이고, 거기서 개선안을 변호해야 할 것이다. 온갖 단체의 의견서를 읽 어야 할 것이고 거기에 일일이 답을 해주어야 할 것이다. 게다가 그 법이 독일 국내법이 아니라 유럽연합 차원의 법안이라는 사실을 상기시켜주었다. 개선안이 통과되려 면 유럽연합 위원회의 심의를 통과해야 할 텐데, 다 알다시피 유럽연합의 관료주의적인 일 처리는 세월 가는 줄을 모른다. 그 아름다운 총천연색 그림을 펼쳐 보인 후 나는 자리를 떴다.

그 법안은 몇 년이 지난 뒤까지도 통과되지 못했다. 훗날 그 국장이 사무실로 돌아가 갑자기 법안에 반대하고 나섰다는 소식이 들려왔다. 결국 그가 장관을 설득하는 데 성공했다고 말이다.

마지막으로, 전혀 다른 방법으로 성공을 안겨줄 전혀 다른 욕망을 살펴보기로 하자. 살다 보면 상대를 행동하도록 만드는 것만이 능사가 아닐 때가 있다. 오히려 상대가 무언가를 하지 않도록 만들어야 할 때도 많다. 그렇게 만드는 추동력은 안정과 질서와 지속성을 향한 욕망이다. 이 욕망이 예상치 못한 반격의 힘을 동원할 수 있다.

오늘날 전 세계는 인간의 이 안정과 질서와 지속성의 욕망을 꺾기 위해 혈안이 되어 있다. 그래야 변화가 있을 테니 말이다. 기업들은 소위 '변화 경영' 전문가를 불러 직원들의 생각을 바꾸려 노력한다. 수를 헤아릴 수 없는 실용서들이 '내면의 돼지개', 즉 게으름과 미루는 습관을 극복하는 법을 가르친다 (돼지개schweinehund란 멧돼지 사냥개 또는 돼지를 지키는 개로 내면의 부정적

자아를 의미하기도 한다_옮긴이).

하지만 안정을 바라는 타인의 욕망을 내 목표를 위해 이용할 수 있다는 생각은 아무도 하지 못한다. 현실과 맞서 싸우는 것보다는 현실을 이용하는 편이 훨씬 수월하다. 현실과, 인간의 본성과 맞서려면 변화 경영에 관한 두꺼운 책들을 읽어야 한다. 하지만 현실을 활용하려면 그냥 이렇게 묻기만 하면 된다. 내가 막고 싶은 그 일이 누구에게 가장 타격을 입힐까? 누구에게 스트레스와 짜증과 노동을 안겨줄까? 누가 가장 그런 변화를 꺼릴까?

바로 이 사람들에게 일을 맡겨보라. 적극적으로 설치던 사람조차도 제안서를 작성해서 보내달라는 부탁 한마디면 침묵하게 만들 수 있다. 이 말 한마디면 된다. "이메일로 자세히 설명해주세요." 아마 그날 이후 감감무소식일 것이다.

앞으로는 원치 않은 일이 일어나도록 내버려 두지 말고 타깃의 안정 추구의 욕망을 이용해보라.

# 007

# 올바른 인물을
# 택하라

양복을 쫙 빼입은 한 청년이 파워포인트 프레젠테이션을 준비해 왔다. 그리고 열정적으로 자신의 사업 계획을 설명했다. IT 관련 사업이었다. 약 45분 동안 그는 멋진 프레젠테이션을 진행했다. 그가 먼저 사업 계획을 소개하고 싶으니 시간을 빼달라고 부탁했었다.

나는 두 명의 동료와 함께 회의실에 앉아서 커피를 마시며 그의 프레젠테이션을 경청했다. 그의 계획이 마음에 들었고 그 청년도 마음에 들었다. 그를 도와줄 최적의 조건이었다. 프레젠테이션이 끝나고 내가 물었다.

"우리가 뭘 하면 되겠어요?"

"저는 그저 지원을 부탁드리러 왔습니다." 그가 대답했다.

"돈이 필요해요?"

나는 조금 더 구체적으로 물었다. 우리를 찾는 이유의 대부분이 자금 부족이다.

"그건 아닙니다."

'잘됐군.' 나는 속으로 생각했다. 사실 그럴 여력은 없었다.

"그럼 그 업계의 기업을 몇 군데 소개해줄까요?"

"감사하지만 이미 몇 군데 접촉을 끝냈습니다."

"그럼 정치적 지원이 필요해요?"

"물론 그럼 좋겠지만 아직까지는 정치적 도움은 필요가 없을 것 같습니다."

"음, 그럼 왜 여기 와서 이렇게 힘들여 프레젠테이션을 했지요?"

"저는 그저 지원을 부탁드리러……."

정말 비극적인 케이스다. 그 청년은 타깃으로 삼은 인물들의 마음을 얻었다. 우리는 이제 그를 위해 무엇이든 해줄 용의가 있다. 하지만 정확히 그것이 무엇인지 알 수가 없다.

이런 상황이 생긴 것은 1장에서도 언급한 바 있듯 논리에 대한 우리의 선호가 낳은 결과다. 우리는 타인에게 우리의 아이디어와 소망을 설득하려고 애쓴다. 하지만 그 설득이 '독립'하여 제 갈 길로 가는 바람에, 왜 우리가 상대를 설득하려고 했는지 그 이유를 미처 생각하지 못한다. 힘을 쓸데없는 곳에 낭비하는 셈이다. 이런 일을 예방하려면 목표를 잘게 쪼개야 한다. 그래야 진짜 타깃이 누구인지가 드러난다.

## 원하는 것은 동사로 표현하라

물론 무엇보다 최종 목표가 명확해야 한다. 로마의 철학자 세네카Seneca는 이렇게 말했다. "어디로 갈지 모르는 사람에게 순풍은 불지 않는다." 최종 목표가 바로 코앞에 있지 않다면 우선은 중간 목표의 달성에 주력하며, 이를 위해 필요한 인물을 내 사람으로 만들어야 하는 것이다. 하지만 앞의 사례처럼 막연하게 무작정 지원을 청하는 사람들이 많다.

중간 목표의 달성에는 당신이 타깃으로 삼은 인물이 실행에 옮겨주어야 하는 매우 구체적인 행위가 요구될 수 있다. 행위는 상태와는 다르다. 행위가 상태에 영향을 미칠 수는 있지만, 그렇다 해도 행위는 그 상태로 가는 길에서 내디딘 하나의 걸음에 불과하다. 당신이 타깃으로 삼은 인물이 실행할 수 있는 것은 상태가 아니라 구체적인 행위뿐이다. 그러므로 중간 목표는 동사로 설명해야 하며 타깃이 되는 인물이 그 문장에서 주어가 되어야 한다. 이를테면, '프로젝트에 대한 지원확보 완료됨'은 상태다. 반면 '내가 타깃으로 삼은 인물이 ○○에게 전화를 걸어 내 프로젝트에 대한 지원금을 요청한다'는 구체적인 행동이다.

나에게는 책을 출판하고 싶다는 사람이 많이 찾아온다. 그중 대다수는 내가 그들을 위해 해줄 수 있는 구체적인 행동을 알고 있다. 예를 들어, 원고를 읽고 고쳐달라든지, 출판사를 소개해달라든지, 출판사의 관계자와 접촉을 시켜달라든지 하는 요청을 한다. 그런 부탁은 흔쾌히 들어준다. 하지만 그냥 책을 쓰고 싶으니 도와달라고 하면 내가 해줄 수 있는 것이 아무것도 없다. 아무리 도와주고 싶어도 말이다.

당신이 상대에게 기대하는 구체적인 행위를 확실하게 파악했다면 그다음에는 이런 질문을 던져야 한다. 그 사람이 정말 그 행위를 실행할 수 있을까? 그럴 수 없다면 그는 올바른 타깃이 아니다. 사람들은 상대가 도저히 할 수 없는 일을 할 수 있을 것이라고 철석같이 믿는다. 특히 정치인들은 그런 호소를 많이 듣는다. 그들이 담당도 아니고 결정권이 있는 것도 아닌데 사람들이 무작정 부탁을 한다는 뜻이다.

## 사소한 계획을 활용해 중간 목표를 점검하라

목표를 알고, 어떤 사람에게 어떤 행위를 기대해야 할지도 알고, 상대가 그 행위를 해줄 수 있다는 것까지 다 알아도 마지막으로 또 한 가지 문제가 남는다. 최종 목표를 중간 목표와 헷갈리거나, 중간 목표를 아예 모르고 지나칠 때가 많다는 것이다. 그 이유는 중간 목표가 대부분 따분하고 지루하기 때문이다. 다시 말해, 최종 목표처럼 화려하지 않기 때문이다.

예를 들어, 노벨상을 타겠다는 원대한 최종 목표를 달성하기 위해서는 지금 당면한 문제를 해결해야 한다. 기술자를 불러 고장 난 프린터를 수리한 다음 프로젝트의 연구비 지원 신청서를 인쇄해서 작성한 후 부쳐야 하는 것이다. 기술자를 부르기 전에는 노벨상위원회를 어떻게 당신 편으로 만들지 고민할 필요가 없다. 하지만 프린터 수리 기술자를 부르는 일은 노벨상 수상에 비하면 너무나 보잘것없고 성가신 일이다. 대부분의 사람이 최종 목표를 달성하지 못하는 이유는 그런 하찮은 중간 목표를 살피기에는 너무 고상하기 때문이다.

일의 효율을 높이려면 상대가 내일 당장 할 수 있는 일을 부탁해야 한다. 그러자면 그때까지 필요한 다른 모든 중간 목표가 달성되어 있어야 한다. 이를 위해 활용할 수 있는 것이 '후진 계획'이다. 즉, 최종 목표를 정한 후 역으로 그에 이르기 위한 중간 목표들을 잘게 쪼개는 것이다.

복잡하게 들릴지 몰라 질문지를 만들어보았다. 다음 질문지에 각자의 목표를 적어보자. 이런 연습이 잘못 선택한 인물에게 쓸데없이 힘을 낭비하지 않도록 해줄 것이다.


1. 나의 최종 목표

2. 나의 타깃 인물

3. 나의 중간 목표 – 타깃 인물의 구체적인 행위

4. 타깃 인물은 이 행위를 실행할 수 있는가?

• 예

• 아니오: 다시 2번으로 돌아간다.


5. 내일 당장 실행할 수 있는가?

• 예

• 아니오: 다시 2번으로 돌아간다.

# Part 3. 전략

# Du machst, was ich will
:Wie Sie bekommen, was Sie wollen

# 008

# 당신의 말을
# 경청하게 하라

일이 틀어졌다. 우리가 원치 않던 법안이 연방의회에서 통과되었다. 간발의 차였다. 의원들이 재입장 표결을 통해 재투표까지 했기 때문이다. 보통 법안은 자리에서 일어나는 방식으로 가결을 결정한다. 그런데 다수가 확실하지 않을 경우, 모든 의원이 의회장을 나갔다가 다시 '찬성', '반대', '기권'이라고 쓰인 세 문으로 입장하여 그 숫자를 세는 경우를 '재입장 표결'이라고 한다. 입장하는 의원의 숫자를 세기 때문에 찬반을 확실히 알 수 있다.

이번 경우는 안타깝게도 찬성 쪽의 숫자가 많았다.

모두들 로비스트는 힘이 막강하다고 생각하지만 로비스트라고 해서 원하는 바를 항상 얻는 것은 아니다. 로비스트에겐 그런 권력이 없다. 정치인이 로비스트가 시키는 대로 해야 한다는 법 규정 따윈 당연히 존재하지 않는다. 로비스트에겐 의회 출입증은 있지만 의회 가택권은 없다. '로비스트Lobbyist'라는 이름 역시 원래 로비에서 서성이면서 정치인을 기다린 데에서 연유했다.

보통 '권력'이라는 말을 들으면 가장 먼저 여론몰이를 떠올린다. 실제로 많은 로비스트가 정치인에게 여론몰이를 들이대며 협박을 한다. "우리가 원하는 대로 하지 않으면 여론을 안 좋은 쪽으로 몰고 갈 거야!"

하지만 여론몰이는 대중이 손해를 보는 경우에만 효과가 있다. 예를 들어, 물가가 오르거나 세금을 올릴 경우, 일자리를 줄일 경우다. 설사 그런 경우에도 실제로 여론이 큰 파도를 일으키게 되는 경우는 극히 드물다.

더구나 여론몰이 자체의 힘도 생각처럼 그리 크지 않다. 정부 부처 공무원들은 평생 공무원이다. 그 말은 여론이 자신에게 아무리 불리해도 전혀 신경 쓰지 않을 수 있다는 뜻이다. 그래서 대부분의 공무원은 자신이 맡은 일만 묵묵히 할 뿐 누가 무슨 소리를 하는지에 크게 관심이 없다. 설사 장관이 뭐라고 해도 별로 개의치 않는다. 한 여성 국장이 무심한 말투로 이렇게 말하는 소리를 들은 적이 있다.

"24년 동안 여기서 일했어요. 장관은 늘 바뀌는데 누가 장관이건 무슨 상관이에요. 나는 내 할 일만 하면 되는 거지."

그럼 의원들은? 의원은 국민이 선출한 사람들이다. 임기 동안은 누구도 그들을 해고하거나 임금을 삭감할 수 없다. 그들에게서 연필 한 자루도 빼앗을 수 없다. 설사 잘못을 해서 정당에서 추방을 당하더라도 의원의 자리는 유지된다. 임기가 끝날 때까지는 국민도 그들을 자리에서 끌어내릴 수 없다.

그래서 로비스트가 여론몰이를 하려다가 오히려 역공을 당하는 경우를 자주 보았다. 협상보다는 전쟁을 원하는 사람이라는 비난은 물론이고, 아예 기피 대상으로 낙인이 찍힌다. 또 적지 않은 정치인들이 누가 갑인지 한번 보자는 식의 반응을 보인다. 따라서 로비스트에게 여론몰이는 최후의 수단이며, 사실 거의 사용하지 않는 수단이다.

물론 여론몰이로 인해 장관이 사퇴를 하거나 의원이 다음 선거에서 낙선할 수는 있다. 하지만 그건 그가 맡은 바 소임을 충실히 하지 않았거나 적임자가 아닌 경우에 한정된다. 특히 나 같은 경제 로비스트들은 스캔들을 일으킬 만한 소재가 별로 없다. '○○ 장관이 복권 사업 분야에 반감이 많다', '○○ 의원이 제약업계를 돕지 않는다' 같은 내용의 뉴스가 정치인들을 벌벌 떨게 할 1면 머릿기사감은 아니지 않은가.

그러므로 로비스트가 막강한 힘으로 소수 그룹이나 개별 기업의 이익을 관철시킬 수 있다는 믿음은 완전히 틀린 것이다. 로비스트가 가진 권력은 우리 모두가 일상생활에서 활용할 수 있는 힘뿐이다. 즉, 사람을 올바르게 대하는 기술밖에 없다.

이번엔 국가가 감시권의 확장을 원했다. 현재 치안당국은 이미 여러 가지 경우에서 도청과 이메일 열람을 할 수 있다. 그런데도 국가는 규칙적인 기간을 두고 감시권의 확대를 꾀한다. 국민의 입장에서는 당연히 자유의 침해다.

우리는 이 문제와 관련하여 이미 여러 차례 여론몰이를 시도했다. 하지만 국민의 다수는 이런 문제에 별 관심이 없다. 1980년대만 해도 사람들은 자유의 침해에 저항하여 거리로 뛰쳐나갔지만 요즘에는 개인의 정보 보호 같은 것에 별로 신경을 쓰지 않는다.

그런데 문제는 국민의 권리 침해만이 아니었다. 기업들

에는 거금이 오가는 일이었다. 국가가 정보 열람을 의뢰할 경우 통신기업이나 인터넷 기업이 자비로 고객의 정보를 파헤쳐야 하기 때문이다. 국가가 국민의 정보를 파헤치고 싶다면 적어도 그 대가는 지불해야 한다. "주문을 한 사람이 계산도 한다!" 이것이 우리의 입장이었다. 하지만 때는 늦었다. 연방의회가 법안을 가결해버렸다. 이제 남은 기회는 단 하나, 상원의회뿐이었다. 상원의회는 거의 모든 법안을 중단시킬 수 있다. 동의 법안의 경우는 동의를 거부하면 되고 이의신청 법안은 이의를 신청하여 일시적으로 저지할 수 있다. 물론 후자의 경우 연방의회는 나중에 다시 표결을 통해 이의신청을 막을 수 있다. 어떤 법이 어느 쪽에 해당되는지는 헌법이 규정한다. 동의법에는 국제테러위험방지 법안이나 우편 및 통신 관련법 등이 해당된다. 우리의 법안 역시 동의법에 해당되었다. 그러니까 상원의회가 결정적인 실권자였다.

상원의회는 항상 금요일에 개최된다. 나는 화급하게 구호 요청 편지 한 통을 작성했다. 다른 모든 수단이 다 실패로 돌아간 마지막 순간에 던진 마지막 호소, 마지막 요청이었다. 당연히 간결하고 호소력이 넘쳐야 한다. 나는 국민의 권리와 비용과 아직 풀리지 않은 여러 문제를 언급했다. 이 문제들을 해결하기 위해서는 더 많은 시간이 필요하다는 말도 잊지 않았다. 우리 협회의 몇몇 주요 회원 기업에 편지를 보내 서명을 받았다.

그리고 편지를 비서에게 건넸다. 비서는 수상의 팩스 번호를 갖고 있었다. 버튼을 누르자 팩스 기계가 '웅' 소리와 함께 작동했다. 이때가 수요일 저녁 6시였다.

금요일, 나는 긴장된 마음으로 회의장에서 흘러나오는 정보에 귀를 기울였다. 정오 무렵 결판이 났다. 상원의회가 법안을 부결시켰다. 과반수 동의에 실패한 것이다. 몇 달에 걸쳐 토론을 거친 법안이었다. 청문회를 거치고 각종 의견서를 검토한 끝에 만든 법안이었다. 셀 수도 없을 만큼 많은 논리가 오갔다. 내 편지는 그 수많은 논리를 하나도 언급하지 않았다. 내용만 놓고 보면 아무것도 없었다. 하지만 순항하는 배에서 노를 빼앗았다. 중요한 것은 내용이 아니라 시점이었다.


상대가 당신과 당신의 관심사를 가장 잘 인식하는 시점은 다른 사람들이 모두 이야기를 마친 후다. 심리학에서는 이를 두고 '최근 효과Recency effect'라고 부른다. 마지막으로 처리한 정보가 한 사람의 입장에 특히 강한 영향을 미치는 현상이다.

이 효과가 발휘되는 이유는 간단하다. 그 정보와 중첩되거나 그 정보를 비판 혹은 반박하는 다른 정보가 더 이상 도착하지 않기 때문이다. 따라서 그 정보는 기억의 제일 위층에 자리 잡게 되고, 언제라도 쉽게 불러낼 수가 있다.

그러므로 쉬지 않고 떠들어대면서 총알을 난사하는 것은 좋은 방법이 아니다. 팀 미팅에서 다른 참석자들이 모두 말을 마칠 때까지 꾹 참고 기다리라. 대답을 하고 싶은 욕망, 대답을 해야 한다는 강박에 저항하라. 대부분의 말은 1분이면 망각의 늪에 빠지고 만다. 굳이 대답을 할 필요가 없다. 모두가 말을 마치면 이제 당신이 마지막으로 발언권을 요청한다. 당신의 말에는 지금까지 나온 모든 말보다 더 큰 무게가 실린다. 그 누구도 중간에 오간 말에는 별 관심을 보이지 않는다.

보통 때 팀 미팅을 한번 관찰해보라. 내가 방금 소개한 방법을 잘 활용하는 사람은 극소수일 것이다. 대부분의 사람은 모든 문제에 대해 즉각 발언을 하지 않으면 손해를 볼 것이라고 생각한다. 하지만 현실은 정반대다. 힘이 있는 사람, 진짜 발언권이 있는 사람은 말수가 적고 말소리가 낮으며 제일 마지막에 말을 한다. 원래 주인공은 마지막에 등장하는 법이다.

그럼 마지막까지 쿨쿨 잠이나 자란 것인가? 어차피 그동안은 아무 일도 없을 테니. 물론 그건 아니다. 첫인상이 중요하다는 사실을 잊어서는 안 된다.

마지막에 등장하라더니 첫인상이 중요하다고? 이 두 비법이 어떻게 조화를 이룰 수 있을까?

## 최초와 최후라는 두 번의 적시

선거가 끝난 베를린 미테 지구는 마치 대기업이 이사라도 들어오는 듯 난리통이다. 의원들이 의사당 주변의 사무실로 입주를 하느라 야단법석을 떨기 때문이다. 사무실을 꾸리자면 직원도 필요하다. 한시라도 빨리 직원을 구해야 한다. 베를린의 연방의원들은 보통 1~3명 정도의 직원을 거느린다.

그중에는 보좌관도 포함된다. 법안이나 제안서, 의견서 등을 작성하고 면담을 준비해주는 그야말로 중추적인 역할을 하는 직원이다. 따라서 우리의 입장에선 정부 부처의 실무 담당자들과 마찬가지로, 의원 사무실에서 이런 실무를 담당하는 보좌관들도 매우 중요한 대화 파트너다. 의원 사무실 직원들은 보통 의원의 임기 동안에만 고용된다. 선거가 끝나 재당선이 확정되면 의원은 옛 직원과 다시 계약을 하거나 새 인력을 구한다. 이런 고용 불안을 좋게 생각할 직원은 없다. 특히 가족을 부양해야 하는 가장이라면.

어쨌든 이런 난장판의 와중에서 앞으로 의원 임기 동안 처리해야 할 문제나 결정에 대해 제대로 생각할 수 있는 사람은 없다. 하지만 로비스트들은 예외다.

당시 우리는 선거가 끝나자마자 향후 4년 동안 우리가 달성하고자 하는 목표를 아주 구체적으로 작성했다. 우리가 저지하고자 하는 목표도 마찬가지였다. 그런 다음 거물 의원들이 고용한 신참 직원들을 작은 환영 파티에 초대했다. 우리가 선택한 주제들도 당연히 파티장에 가져갔다. 우리는 향후 4년 동안 어떤 문제가 현안으로 떠오를지 설명했다. 우리의 입장이 무엇인지도 빼놓지 않았다. 그 파티에서 난생처음으로 그런 문제들을 알게 된 사람들의 숫자가 적지 않았다.

파티는 끝이 났다. 의사당 주변의 사무실들도 차츰 평정을 되찾았고 모두들 열심히 일을 하기 시작했다. 얼마 후 우리가 뽑은 주제 중 하나가 현안으로 떠오르자 내 전화통에 불이 났다. 우리가 그 주제에 대해 가장 먼저 언급

한 단체였으므로 그 주제와 관련하여서는 무조건 나부
터 찾았다. 그뿐 아니라 모두들 우리의 입장을 자신의 입
장인 양 착각했다.

최근 효과의 반대는 '첫머리 효과Primacy effect'다. 우리가 어
떤 주제에 대해 처음으로 접한 정보는 시간이 흘러도 매우 생
생하게 기억에 남는다. 아무도 밟지 않은 흰 눈밭에 처음으로
발자국을 냈기 때문이다. 그 발자국을 막을 다른 정보, 반대의
정보는 아예 존재하지 않았다.

저장된 정보는 우리 인간과 같다. 우리는 자신과 비슷한 것
을 제일 좋아한다. 따라서 우리의 뇌는 나중에 오는 것, 처음
의 정보와 일치하지 않는 모든 것을 극도로 비판적인 시선으
로 바라본다. 그런 정보는 부담스럽고 성가시다. 새로운 것, 나
중에 도착한 정보를 무조건 고개를 갸우뚱거리며 거부하는
것은 이런 이유 때문이다.

따라서 누군가에게 원하는 바가 있거든 최대한 빨리 그 사
람에게 그것을 알려야 한다. 많은 사람이 때를 기다려야 원하
는 것을 얻을 수 있다고 생각한다. 하지만 당신이 기다리는 시
간만큼 때는 멀어질 것이다. 그사이 상대의 뇌에 도착한 다른
모든 정보가 당신의 목표를 위협할 수 있다.

이 두 효과에 어느 정도 익숙해지거든 두 가지를 결합시켜 '첫머리-최근 효과'로 승격시켜보는 것은 어떨까? 예를 들어, 면접을 앞두고 있다고 해보자. 가능하다면 첫 번째로 면접장에 들어가라. 첫인상의 효과를 노리는 것이다. 그다음으로 모든 지원자가 면접을 마치고 나면 담당자에게 이메일을 보내 다시 한번 감사의 인사를 전한다. 마지막에 무대에 오르는 주인공이 되는 것이다.

다른 경우에도 충분히 적용 가능하다. 개인적인 면담이나 연봉 협상에서, 집을 구하거나 물건을 팔 때도 써먹을 수 있다. 이메일 대신 핑계를 대고 타깃으로 삼은 인물을 직접 만나는 것도 좋은 방법이다. 앞에서 내가 일흔 명의 경쟁자를 물리치고 집을 구한 이야기를 한 적이 있다. 그때 집주인과의 유사성을 적극 활용해 성공했다는 내 말은 절반의 진실이다. 당시 집주인이 정한 면담 시간은 오전 9시에서 오후 1시까지였다. 나는 9시 정각이 되자마자 첫 번째로 면담을 청했고, 1시 직전에 다시 한번 찾아가 집주인과 대화를 나누었다.

목표를 추구할 때는 너무 늦게 시작하고 너무 일찍 손을 들어버리는 실수를 저지르지 않도록 해야 한다. 처음과 끝에 쏟아야 할 시간과 노력을 안타깝게도 중간에 다 낭비해버리면 안 된다. 또 주의해야 할 점이 있다. 적시는 시간에만 해당되지 않는다는 사실이다. 적시는 상대가 어떤 기분이나 상태인지에 따라서도 달라진다.

## 상대의 기분을 활용하라

비극적인 이야기다. 우리한테 아주 중요한 의원의 사무실 직원이 갑자기 병이 들었다. 같이 점심을 먹다가 그가 그 사실을 나한테 털어놓았다. 쉽게 나을 병이 아니라고 했다. 병세도 때에 따라 변동이 심해서 어떤 때는 정상인과 다를 바가 없다가도 금방 집 밖으로 나가지도 못할 만큼 악화되곤 했다.

너무나 안타까웠다. 나는 그를 무척 좋아했다. 그는 사교적이고 지적인 사람이었다. 우리는 자주 만났다. 단순 노출 효과 덕분에 서로에게 호의를 갖게 되었고 상호적 애착의 원칙대로 효과는 날로 커져만 갔다. 그가 모시는 의원이 재당선되어 그와의 재계약을 고민할 때는 내가 나서 힘을 써주었다. 그 덕분인지 그는 재계약에 성공했다. 그 역시 이런저런 일로 우리를 도와주었다.

그런데 이제는 그런 도움을 기대할 수 없게 되었다. 병이 들어 고달픈 사람이 예전만큼 남의 관심사에 힘을 써줄 리 만무할 테니 말이다. 그래도 나는 상태가 악화되어 출근을 못 하게 된 날 문병차 그의 집을 찾아가서 위로를 해주었다. 그러자 예상치 못한 일이 일어났다. 상태가 악화될수록 그가 나를 위해 해줄 수 있는 일을 최대한 해주려고 노력했던 것이다. 상태가 안 좋을수록 우리 협회를 위해 애를 써주었다.

그 순간 내 머릿속에 익히 알고 있었던 효과가 떠올랐다. 하지만 이런 식으로 그 효과가 나를 찾아오리라는 생각은 꿈에도 하지 못했다.


상대에게 부탁을 하는 시기를 고를 때는 보통 세 가지 선택지가 있다. 첫째, 상대가 특별히 기분이 좋을 때 당신의 관심사를 털어놓는다. 둘째, 상대가 특별히 기분이 안 좋을 때 그렇게 한다. 셋째, 상대가 평정심을 유지하는 지극히 평범한 날을 고른다.

세 가지 시기 중 뭐가 제일 좋을까? 기분이 좋으면 남을 도와줄 마음이 더 커진다는 것쯤은 누구나 알고 있다. 다들 경험해보았을 것이다. 우리는 기분이 좋으면 긍정적이고 개방적이 되며 자비심도 커진다.

이와 관련한 재미난 실험이 많다. 지극히 작은 것도 사람의 마음을 움직일 수 있음을 보여주는 실험들이다.

미국에서 실시한 실험의 경우, 공중전화의 거스름돈 통에 10센트짜리 동전 하나를 놓아둔다. 그러면 전화 부스에 들어와서 그 동전을 발견하는 사람이 있고 발견하지 못하고 전화만 하고 나가는 사람이 있다. 그들이 전화 부스에서 나올 때 그 부스 앞에서 한 남자가 일부러 무거운 서류 가방을 떨어뜨린다. 사방에 서류가 흩어진다. 이제 누가 그를 돕고 누가 돕지 않는지 관찰한다. 결과는 10센트를 발견한 사람들이 발견하지 못한 사람들보다 남자를 도운 비율이 20배나 더 높았다.

다른 실험에서는 대학을 찾아가 학생들에게 무작정 비스킷 하나를 선물한다. 그 직후 누군가 그들에게 다가가 힘든 숙제를 도와달라고 부탁한다. 다들 짐작하겠지만 비스킷 선물을 받은 학생들이 그렇지 않은 학생들에 비해 도움을 베푼 비율이 훨씬 높았다.

그러니까 남을 돕는 자선의 마음을 키우는 데는 아주 작은 '기분 돋우기'로도 충분하다는 말이다. 듣기 좋은 음악이나 좋은 냄새만으로 그런 효과를 거둔 실험도 있다. 그러니 앞으로는 누군가에게 부탁을 할 때 그의 자비심을 북돋울 수 있는 작은 선물로 뭐가 좋을지 고민해보도록 하라.

그렇다면 상대가 기분이 아주 나쁠 때는 어떨까? 보통은 그럴 경우 지레 겁을 먹고 부탁을 자제한다. 저렇게 기분이 안 좋은 사람한테 무슨 말인들 통할까 싶은 것이다. 하지만 그런 생각은 틀렸다. 연구 결과를 보면 인간은 심리 상태가 안 좋을 때 특히 남을 잘 도와준다.

그 이유는 아직까지 명확하게 밝혀지지 않았다. 하지만 쉽게 이해가 가는 경우도 있다. 예를 들어, 양심의 가책으로 마음이 무거울 때는 남을 도와 선행을 하면서 그 가책을 털어버릴 수 있다. 실험 결과, 고해성사를 마치고 나오는 사람들이 고해성사를 하러 들어가는 사람들보다 기부를 덜 했다. 고해를 하고 나면 속죄를 했다는 심정이 되고 양심의 가책을 덜 느끼는 것이다.

공감도 큰 작용을 한다. 누군가 고통을 당하고 있다면 가뜩이나 안 좋은 마음이 더욱 아프다. 따라서 그를 도와주면 그런 아픔도 사라진다.

실험 결과, 어떤 이유에서인지는 몰라도 실제로 사람들은 우울한 기분일 때 남을 더 잘 돕는다고 한다. 이를 '부정적 상태 감소 가설Negative-state relief hypothesis'로 설명하려는 학자도 있다. 기분이 안 좋을 때 인간은 체계적으로 기분이 좋아질 방법을 찾는데, 그중 하나가 다른 사람을 돕는 것이라는 설명이다.

인간이 순수하게 이기적인 이유 말고 다른 이유에서 남에게 도움을 베풀까? 학자들은 오래전부터 이 문제를 두고 토론을 벌여왔다. 누군가에게 깊은 호감을 느낀다면 그럴 수도 있다고 생각하는 학자가 많지만 사실 그런 경우는 극히 드물다.

그러니 상대가 기분이 안 좋을 때에도 겁내지 말고 부탁을 해보자. 당신은 뜻밖의 도움을 받아 행복할 것이고 상대 역시 당신을 도와줌으로써 기분이 좋아질 것이다.

마지막으로, 상대가 평소와 다름없는 기분이라면 어떨까? 그가 당신의 부탁을 들어줄 확률은 확연하게 낮아진다. 그런 날엔 원하는 바를 얻지 못할 것이다. 그러니 부탁은 상대의 기분이 좋은 날이나 나쁜 날에 하는 것이 좋다.

## 후광을 두르라

"키츠 씨가 아주 중요한 정보를 제공해주셨네요. 다시 한번 의견을 구하고 싶습니다."

국장이 마이크에 대고 말했다.

상황이 유리했다. 아주 유리했다. 손을 들 때마다 그는 내게 발언권을 주었다. 이뿐만 아니라 내 말을 특별히 경청했고 고개를 끄덕였으며 나의 의견을 참고했다. 다른 사람들이 말할 때는 별 반응을 보이지 않았다.

정부 부처에서 전문가 면담 자리를 마련했다. 일종의 청문회였다. 법안을 제출하기 전에 미리 관계자들의 의견을 구하려는 목적이었다. 우리 협회도 관계자여서 초대되었다. 그날은 처음으로 그 주제에 대해 토론을 하는 자리였다. 이 때문에 일단 첫머리 효과를 노릴 만했다. 하지만 그 자리에는 나와 같은 생각으로 달려온 로비스트가 스무 명이 넘었다. 그래서 나는 미리 선수를 쳤다. 첫머리 효과 말고 다른 효과를 활용하기로 한 것이다.

사전 조사를 해보니 그 국장은 미국, 특히 뉴욕의 광팬이었다. 미국의 교육 제도를 부러워하여 독일 학생의 미국 체류를 적극 권장했다. 면담에 앞선 환영 행사에서 나는 그와 잠시 잡담을 나누며 그 점을 공략했다. 뉴욕대에서 법학을 공부했던 시절 이야기를 늘어놓았던 것이다.

그때부터 나는 군계일학이었다. 로비스트의 닭 떼 속에서 두드러지는 한 마리 학. 그는 나의 모든 행동과 말에 무게를 실었다. 나의 아이디어는 창의적이었고 나의 의견은 흘려들을 수 없는 고견이었다.

'할로Halo'는 그리스어로 '빛을 내다'라는 뜻이다. 할로겐 등을 생각하면 될 것이다. 그래서 '후광 효과Halo effect'란 한 사람의 한 가지 특징이 눈부신 빛을 내서 다른 특징들을 덮어버리는 바람에 전체적인 이미지가 왜곡되는 현상을 말한다. 한 사람의 잘 아는 한 가지 특징을 근거로 잘 모르는 수많은 다른 특징을 추론하는 것이다. 이 한 가지 특징이 긍정적일 수도 있고 부정적일 수도 있다. 아무튼 이 효과가 유효하려면 상대가 그 특징을 특별히 중요하게 생각해야 한다.

자, 이제 당신이 상대에게 어떤 특징을 보여준다. 상대가 중요하게 생각하며 긍정적으로 평가하는 특징이다. 그럼 그는 당신에게 그것 말고도 수많은 다른 긍정적인 특징이 있다고 추론할 것이다. 반대로, 상대가 중요하게 생각하지만 부정적으로 평가하는 특징을 보여줄 경우 그는 당신에게 그것 말고도 수많은 다른 부정적인 특징이 있다고 결론지을 것이다.

후광 효과는 이미 여러 차례의 실험으로 입증되었다. 미국의 심리학자 손다이크Edward Lee Thorndike와 올포트Gordon Allport는 1차 세계대전 중에 이미 이 현상을 확인했다. 장교들은 잘생기고 자세가 똑바른 병사를 보면 그가 다른 것도 다 잘할 것이라고 확신했다. 예를 들어, 총도 잘 쏘고 머리도 좋을 것이며 구두도 잘 닦을 것이라고 생각하는 식이었다. 심지어 하모니카 부는 솜씨도 더 뛰어날 것이라고 여겼다.

우리는 이미 3장에서 후광 효과의 한 가지 실제 사례를 보았다. 외모 말이다. 외모가 뛰어나면 그 매력에 눈이 부셔 다른 단점은 보지 못한다.

후광 효과만 잘 활용하면 설사 당신이 상대가 원하는 기준에 맞지 않는 사람이라도 괜찮다. 후광 효과는 가능한 모든 특징으로 작동하기 때문이다. 중요한 것은 '상대가 어떤 점을 긍정적으로 중요하게 생각하는가'다. 우리가 이 효과를 과소평가하는 이유는 세상만사를 자기 시각에서 바라보기 때문이다. 앞에서도 말했던 자기중심주의가 문제인 것이다.

예를 들어, 직장 상사들 중에는 시간 엄수가 아주 중요한 습관이라고 생각하는 사람이 많다. 하지만 안타깝게도 부하직원들은 3분이나 5분쯤 지각하는 것을 예사로 여긴다. 여기서도 후광 효과는 어김없이 작용한다. 당신의 상사가 시간을 칼같이 지키는 사람이라면 한 번의 지각으로도 당신을 무능하고 게으른 사람이라고 생각할 것이다. 3분 때문에 졸지에 게으름뱅이의 낙인이 찍히는 것이다.

나도 학창 시절 후광 효과를 체험한 바 있다. 우리 라틴어 선생님은 기억력이 좋은 사람을 보면 감동을 금치 못하는 분이셨다. 수업 시간에 내가 우연히 몇 달 전에 배운 내용을 기억했더니 그날부터 선생님은 매일 보는 쪽지 시험에서 항상 내게 A를 주었다. 당연히 내가 매일 쪽지 시험을 잘 볼 리 만무했는데도 말이다. 게다가 학부모 참관 수업에 오신 우리 부모님을 붙들고 나의 탁월한 기억력과 라틴어 실력을 칭송했다. 후광 효과의 전형적인 사례였다.

공익단체 역시 이런 후광 효과의 덕을 톡톡히 본다. 인권이나 환경을 위해 노력한다는 사람들에게 눈을 내리깔고 정말로 그렇게 하는지 두고 보자고 벼르는 사람은 없다. 거꾸로 대기업이라고 하면 다들 눈에 쌍심지를 켜고 노려본다. 혹시 탈세를 하지 않았나, 부패를 저지르지 않았나 하는 의심이 가득한 눈을 하고 말이다.

좋은 쪽이든 나쁜 쪽이든 상대가 중요하게 생각하는 것이 무엇인지 알아내라. 당신이 보기엔 하잘것없어도 상대의 입장에서 생각하라. 상대가 중요하게, 긍정적으로 평가하는 특징을 키워 적극적으로 보여주자. 당신을 바라보는 상대의 눈빛이 갑자기 호의적으로 변한 데 깜짝 놀라게 될 것이다.

# 009

# 협상하지 말고
# 조종하라

◇◇◇◇◇◇◇◇◇◇◇◇◇◇◇◇◇◇◇◇◇◇◇◇◇◇◇◇◇◇◇◇◇◇◇◇◇◇◇◇

"비용이 얼마나 될 것 같아요?"

유럽연합 의회의 의원이 전화기 저편에서 불안한 듯 물었다. 우리네 사는 것이 다 그렇듯 따지고 보면 정치도 결국엔 항상 비용이 문제다. 어떤 정치 아이디어도 처음부터 끝까지 누가 얼마나 많은 돈을 낼지, 어디서 비용을 끌어올지의 문제가 관건이다.

돈이 거의 모든 인간의 욕망을 충족시킬 수 있기 때문에 우리는 자동적으로 돈 문제에 큰 의미를 부여한다. 그러므로 원하는 바가 있다면 상대에게 관련한 돈 문제가 어떤 영향을 미칠지 구체적으로 알려주기만 하면 된다.

예를 들어, 재계가 어떤 법 규정에 반대한다면 그 규정으로 인해 기업이 부담해야 하는 막대한 비용을 쭉 열거한다. 그것으로 반대는 충분한 설득력을 얻는다. 거꾸로 법 규정을 추진하고 싶다면 정계가 그 규정을 통과시키지 않을 경우 발생할 비용을 계산해서 내밀면 된다.

그다음부터는 항상 똑같은 단계를 거친다. 기업은 그 비용이 도저히 감당할 수 없을 만큼 막대하므로 직원들을 자르거나 해외로 공장을 옮길 수밖에 없다고 엄살을 떤다. 더불어 늘어나는 실업자가 정계에 어떤 영향을 미칠지 그림을 그려서 보여준다. 그도 아니면 막대한 비용이 물가 상승을 부채질할 것이고 그렇게 되면 다음 선거에서 민심이 바뀔 것이라고 '협박'한다.

통신기록 저장 법안이 현안으로 떠올랐을 때도 정치인들은 그 법안이 기업에 얼마나 막대한 비용을 발생시킬지를 묻는 질문에 시달리고 있었다. 그 유럽연합 의회의 의원이 나에게 전화를 건 이유도 그 때문이었다.

그 시점만 해도 아직 어떤 데이터를 얼마나 오랜 기간 동안 저장할 것인지가 결정되지 않은 상태였다. 전화통화 내역만 해당될지 이메일까지 포함될지도 불명확했다. 심지어 누가 언제 어떤 인터넷 사이트에 접속했는지에 대한 기록까지 기업이 저장해두어야 한다는 목소리도 있었다. 정치인들조차 아직 자신이 진정으로 원하는 것이 무엇인지 합의점을 찾지 못한 상황이었다. 그렇지만 우선은 비용 문제가 시급했으므로 일단 우리에게 문의를 한 것이었다.

이때 우리는 비용의 모든 경우의 수를 쉽게 파악할 수 있는 수열을 작성할 수도 있었다. 그랬다면 아마 정치인들이 무척 반겼을 것이다. 정치인들은 그런 수열이 뚝딱 만들어지는 줄 안다. 자기들이 계획을 바꾸어 법안을 수정하면 우리가 다시 금방 그에 맞는 수열을 만들어낼 수 있다고 생각한다. 현실은 그렇지 않다. 그런 수열을 완성하자면 기술자, 법학자 등이 동원되어 몇 주에 걸쳐 서로 머리를 맞대고 고민해야 한다. 하지만 그럴 비용을 댈 만한 기업은 없다. 또 정치인들을 대신해 그런 계산 작업을 자비를 들여 처리해주는 것이 기업의 의무도 아니다.

게다가 설사 이런 수열을 애써 만들어준다 해도 자세히 들여다볼 사람도 없을 것이다. 다들 그중 한 가지 숫자만 골라낼 것이다. 입장에 따라 제일 높은 숫자나 제일 낮은 숫자로. 중간의 숫자는 아무짝에도 소용이 없다. 다 헛수고다. 이런 이유에서 모든 이익단체는 애당초 한 가지 숫자로 승부를 본다.

그럼 이 숫자는 어떻게 탄생할까? 업계의 협회가 회원 기업들에게 물으면 기업들은 계산을 해서 결과를 협회에 알려준다. 협회는 데이터의 출처를 삭제한 다음 기업들의 숫자를 합하거나 평균치를 계산하여 그것을 업계의 수치로 발표한다.

모두들 성실하게 임한다. 말도 안 되는 수치를 발표했다가는 웃음거리가 될 테니까 말이다. 하지만 어차피 예측이고 변화의 여지가 크다. 그래서 모두들 그 여지를 자신에게 가장 유리한 방향으로 채운다.

우리가 법안을 부결시키고 싶을 때는 최대한 높은 숫자, 최대한 높은 비용을 내놓아야 한다. 물론 최대한 현실적으로 계산을 하지만 가능하면 낮은 수치보다 높은 수치에서 시작한다. 아직 저장의 범위를 두고 토론이 벌어지고 있었기 때문에 저장해야 하는 의무 사항의 숫자도 최대한 많이 끌어들였다. 특히 사이트 방문기록까지 저장을 할 경우 비용은 하늘 높은 줄 모르고 치솟았다. 실제로 몇몇 기업은 도산을 할지도 몰랐다.

어쨌거나 수치를 공개한 협회는 우리가 처음이었다. 그래서 이듬해 내내 우리의 수치를 두고 토론이 벌어졌다.

비용 예측이 필요할 때마다 우리의 수치가 인용되었고, 다른 곳에서 예측이 나올 경우 우리의 수치에 비추어 평가했다.

시간이 흐르면서 토론의 내용이 달라졌다. 우리의 작전이 성공을 거둔 것이다. 기업이 저장해야 하는 데이터의 종류가 자꾸만 줄었다. 특히 사이트 방문기록은 아예 논의에서 사라졌다. 덕분에 기업이 부담해야 하는 비용도 급격하게 줄어들었다. 우리도 추세에 맞추어 예상 비용 수치를 낮추었지만 그 수치에는 누구도 주목하지 않았다.

제일 처음 우리가 공개했던 예상 액수가 기준이었다. 비용 문제를 언급하는 모든 사람이 그 수치를 기준으로 삼았다.

강연을 할 때 나는 청중을 대상으로 이런 현상과 관련된 재미있는 실험을 한적이 있다. 일단 이렇게 물었다. "일주일은 며칠이죠?" 청중들이 합창을 했다. "7일요." 나는 칠판에 크게 7이라는 숫자를 썼다. 그다음으로 질문을 던졌다. "유엔에 가입한 아프리카 국가는 몇 개국일까요?" 여러 가지 대답이 나왔다. "2개국", "8개국", "10개국", "0."

다음에는 이렇게 물었다. "1년은 며칠이죠?" 청중들이 답한 뒤 다시 칠판에 크게 365라고 썼다. 다음으로 유엔에 가입한 아시아 국가는 몇 개국인지 물었다. 이번에도 여러 가지 답변이 나왔다. "60개국", "80개국", "50개국."

하지만 당시 유엔에 가입한 아프리카 국가와 아시아 국가는 동일하게 53개국이었다. 그런데 왜 청중들은 각각 아주 낮은 숫자와 아주 높은 숫자를 추정했을까? 바로 칠판에 쓰인 두 숫자 '7'과 '365' 때문이다. 유엔에 가입한 국가가 몇 개나 되는지 아는 사람은 거의 없다. 그런 불명확한 상황에서 우리의 뇌는 어떻게 일할까?

거듭 말했듯 우리 뇌는 게으르다. 그래서 현재 시점과 가장 가까운 것, 즉 마지막으로 보았거나 들은 숫자를 붙잡는다. 칠판에 '7'이라고 쓰여 있으면 낮은 숫자를 떠올리고 '365'라고 쓰여 있으면 큰 숫자를 떠올린다. 우리 뇌가 근처에 있는 숫자 하나를 집어 '닻anchor'으로 사용하는 것이다.

## 기준을 선점하는 정박 효과

이런 효과를 '정박 효과Anchor effect'라고 부른다. 이 효과는 여러 가지 실험으로 입증된 바 있지만 특히 방금 소개한 유엔 회원국 문제에서 잘 확인된다. 원래의 실험은 룰렛을 돌려서 나온 숫자를 보여주고 질문을 하는 형식이었다.

재미있게도, 정박 효과는 일반인뿐 아니라 전문가에게도 통한다. 부동산 중개업자들은 '닻'으로 혼란을 유발했더니 부동산 가격을 제대로 평가하지 못했다. 다른 실험에서는 레스토랑 이름이 '스튜디오 97'인가 아니면 '스튜디오 17'인가에 따라 손님들이 지출한 음식 값이 달라졌다. 실제로 다들 레스토랑에 갔다가 이런 효과를 경험한 적이 있을 것이다. 전채요리를 시킬 때는 가격이 너무 높아 충격을 받았는데, 일단 그 충격이 가시고 닻을 내린 후 메인 요리를 시킬 때는 그 엄청난 가격도 크게 높아 보이지 않는다.

정치뿐 아니다. 일상에서도 숫자가, 돈이 관건이다. 돈은 지극히 다양한 욕망을 충족시키는 편리한 수단이기 때문이다. 설사 돈이 관건이 아니라 해도 다른 숫자가 큰 영향을 미칠 것이다. 따라서 처음으로 숫자를 거론한 사람이 향후 협상의 초석을 놓게 된다. 처음 숫자를 끌어들인 사람이 상황을 주도하는 것이다.

연봉 협상 때를 한번 생각해보라. 돈 문제를 의논하기 위해 마련한 자리인데도 왜 그렇게 돈 이야기를 못 꺼내는지, 어느 쪽도 먼저 나서 숫자를 제시할 엄두를 내지 못한다. 하지만 정박 효과를 알고 있다면 절대 그래서는 안 된다. 당신이 부하직원이라면 상사의 입에서 먼저 예상 연봉의 숫자가 나오게 해서는 안 된다. 최대한 높은 액수로 먼저 닻을 내려 거점을 확보해야 한다. 거꾸로 상사의 입장이라면 최대한 낮은 숫자로 시작해야 할 것이다.

이 효과는 다른 온갖 종류의 협상에서도 통한다. 고객 상담, 물건 거래, 보상금 협상에서, 심지어 집에서 엄마한테 용돈을 타낼 때도. 실험 결과를 보면, 협상의 차원이나 규모도 닻을 내려 거점이 결정한다. 예를 들어, 처음 비용을 부른 쪽에서 "1만 유로입니다"라고 하면 상대는 천 단위로 협상을 해서 "9000유로로 합시다"라고 할 것이다. 하지만 액수를 조금 더 쪼개 "1만 400유로입니다"라고 거점을 정하면 상대도 백 단위로 생각하여 "1만 200유로는 어때요?"라고 응답할 것이다. 거점이 정밀할수록 협상이 오래 진행되어도 그 범위에서 크게 벗어나지 않게 된다.

혹시라도 당신이 정박 효과의 제물이 되지 않았는지 스스로 검토해보라. "잠깐 다른 것도 한번 보세요. 그냥 비교 차원에서요." 이게 가장 많이 사용되는 판매원의 수법이다. 원래 고객이 전혀 구매 의사가 없었던 아주 비싼 제품을 보여주면서 단순 비교 목적이라고 한다. 하지만 이제 당신의 머릿속에는 거점이 정해지고 당신은 결국 계획했던 것보다 많은 돈을 지출하게 된다.

이 효과와 비슷한 것으로는 역시 영향력이 뛰어난 '점화 효과Priming effect'를 들 수 있다. 우리의 뇌는 삶을 조직하기 위해 도식을 이용한다. 예를 들어, 사과에도 그런 도식이 있다. 우리는 사과를 보자마자 사과의 도식을 떠올린다. 사과를 먹는 방법과 관련된 각종 지식을 불러오는 것이다. 당연하고 자연스러운 과정이 아니냐고 생각할지 모르지만 꼭 그렇지는 않다. 난생처음 보는 이국적인 과일을 접할 경우 우리 머릿속에는 그와 관련된 도식이 전혀 존재하지 않는다. 따라서 그걸 두고 어떻게 해야 할지 몰라 당황하게 된다.

이는 사물에만 국한되지 않는다. 이를테면, '개방적이고 관대하다' 혹은 '부정적이고 폐쇄적이다' 같은 개념에 대한 도식도 있을 수 있다. 상대가 당신과 당신의 관심사에 대해 긍정적이고 개방적인 마음일지 아닐지는 무엇보다 그의 머릿속에 지금 어떤 도식이 활성화되어 있는지에 달려 있다.

그러므로 바로 이 점을 활용하면 된다. '점화'는 어떤 도식을 보다 쉽게 활성화하는 과정이다. 이 효과는 1970년에 실시한 고전적인 실험에서 이미 증명되었다. 이 실험에서는 참가자들에게 암기 실력을 테스트하겠다고 말하면서 특정 단어들을 보여주었다. 한쪽 그룹에게는 '진취적이다', '자의식이 강하다' 같은 단어를, 다른 그룹에게는 '교만하다', '도도하다' 같은 단어를 읽게 한 것이다.

그런 다음 실험 참가자들에게 '도널드Donald'라는 이름의 어떤 인물에 대해 이야기를 해주었다. 이 이야기에는 "누군가 문을 두드리지만 도널드는 열어주지 않는다" 같은 애매한 표현들이 들어 있었다. 나중에 실험 참가자들에게 도널드에게 얼마나 호감을 느끼는지 물어보았다. 사전에 긍정적인 단어를 본 그룹은 부정적인 단어를 본 그룹보다 실제로 도널드에게 더 큰 호감을 표했다. 양쪽이 들은 이야기가 한 글자도 틀리지 않고 똑같았는데 말이다.

또 다른 실험에선 사전에 '배려심이 많다', '공정하다' 같은 단어를 본 참가자들이 게임에서 더 협력적인 태도를 보였다. 또 '늙다', '외롭다', '백발', '건망증' 같은 단어를 본 참가자들이 더 느리게 움직였다.

설사 그렇다고 해도 상대에게 내가 점화하고 싶은 말들을 어떻게 보여주거나 들려줄 수 있을까? 창의력을 발휘하면 된다. 예를 들어, 상대가 당신을 긍정적으로 생각하기를 원한다면 일단 잡담으로 대화의 문을 연다. 그리고 우연인 듯 다른 사람의 이야기를 하면서 '지적이다', '공정하다', '친절하다', '능력 있다', '배려심 있다' 같은 긍정적인 단어를 최대한 많이 사용한다. 그런 긍정적인 말이 많이 들어간 가짜 편지를 써서 읽어달라고 부탁을 할 수도 있다. 또 그런 표현이 많이 들어가는 유머를 들려주거나, 전화 통화를 하는 척하면서 그런 표현을 많이 사용하는 방법도 있을 것이다.


## 집단 효과를 이용하라

어떤 학자가 내게 연구 프로젝트를 제안했다. 청소년들이 돈을 어떻게 관리하는지, 휴대전화와 다른 통신 수단이 그들의 금전 관리에 어떤 악영향을 미치는지 조사하고 싶다고 말이다. 안 그래도 여러 청소년단체와 소비자단체가 요즘 청소년들이 통신 수단에 무책임할 정도로 많은 돈을 지출한다고 비난해왔다. 그리고 기업들을 그런 청소년들의 잘못을 부추기는 사기꾼으로 취급해왔다. 그런 연구 프로젝트는 위험했다. 청소년들이 감당하지도 못할 액수를 휴대전화에 쏟아붓고 있다는 결과가 나오면 어떻게 하나? 하지만 달리 생각하면 그런 비난이

공포심에서 나온 과도한 우려였다는 사실을 과학적으로 입증할 기회이기도 했다. 설사 그렇지 않더라도 자기에게 해가 될지도 모를 문제를 자기비판적으로 연구했다는 존경심 어린 찬사 정도는 받을 수 있을 것이었다.

나는 그 기회를 활용하자는 입장이었다. 그래서 연구 프로젝트를 적극 진행시키고 싶었다. 그러자면 협회의 회원 기업들을 설득해야 했다. 다는 아니더라도 적어도 몇 개 기업은 동의를 해주어야 했다. 연구 프로젝트에 돈을 댈 기업이 필요하니까 말이다.

경제 부문 로비스트는 협회의 입장을 외부에 알리고 설득하는 일만 하는 게 아니다. 정계와 기업 수뇌부를 양쪽 입장에서 중재하기도 한다. 그래서 외부의 입장을 대변해 내부를, 다시 말해 회원 기업들을 설득할 때도 있다.

협회 안에서도 여러 목소리가 경쟁을 한다. 판매, 개발, 법무, 품질 관리, 홍보 부문 등 모두가 자기주장을 쏟아낸다. 그래서 어떨 땐 협회 안에서 자기 입장을 관철시키는 것이 의회에서 유리한 법안을 끌어내는 것보다 더 힘들 때가 있다. 하지만 안에서도 밖에서도 행동 규칙은 동일하다.

일단 나는 회원 기업들에 전체 메일을 보내 연구 프로젝트에 대한 의견을 물었다. 대답은 신중하고 애매했다. 이래서야 연구비 모금이 불가능할 터였다. 그래서 다음 단계로 몇 개 기업의 대표와 구체적으로 의논을 했고, 그들이 근본적으로는 반대 입장이 아니라는 사실을 확인했다. 다만, 먼저 나서 그러자고 하면서 돈을 쾌척할 용기가 없어 머뭇거리고 있었던 것이다.

나는 꾀를 냈다. 지도 그룹을 만들어 관심 있는 모든 사람을 불러 모았다. 그중에 반대 입장이었지만 돈이 꽤 많은 두 기업의 대표도 포함시켰다. 지도 그룹은 오랜 시간 연구 프로젝트 참여 여부를 두고 토론을 벌였다. 결과는 만장일치의 찬성이었다. 심지어 나의 제안보다 연구 범위를 더 확장시켰다. 당연히 예산도 확장되었다.


원하는 것이 있는 상대가 여러 명일 때가 있다. 이때 누구를 택해야 하나? 추상적인 집단? 구체적인 개인? 집단에 소속된 구체적인 사람들? 심리학의 연구 결과는 이 질문에 확실한 대답을 들려준다.

추상적인 집단에게는 아무리 말해봤자 가망이 없다. 예를 들어, 스포츠협회 회동, 부서 미팅, 학부모 모임, 아파트 주민 회의에서 군중을 앞에 두고 불꽃 튀는 연설을 하며 무엇인가를 호소해보라. 아마 아무도 눈도 깜짝하지 않을 것이다.

이런 현상을 두고 '책임감 분산Diffusion of responsibility'이라고 부른다. 집단 속에 있으면 그 누구도 행동의 책임감을 느끼지 않는다. 모두가 나한테 하는 이야기가 아니라고 생각하기 때문이다. 그래서 위급 상황이 닥쳐도 다들 구경만 하고 도와주지 않아서 비극적인 상황이 발생할 수 있다. 이때는 한 사람을 특정해서 지목하면 책임감 분산을 예방할 수 있다. 위급 상황에서 그냥 "살려주세요!"라고 해서는 소용이 없다. 한 사람을 지목하는 것이, 이를테면 "갈색 외투 입은 아저씨, 경찰서에 신고해주세요!"라고 말하는 것이 훨씬 효과가 크다.

그렇게 급박한 상황이 아닐 때에도 마찬가지다. 공동주택에 같이 사는 이웃이 겨울에 현관문을 닫지 않아서 난방비가 많이 든다고 해보자. 이때 다른 주민들에게 이 사실을 알리고 호소를 하려면 어떻게 해야 할까? "문을 닫아주세요"라고 써 붙여서는 행동의 변화를 끌어낼 수 없다. 그보다는 문을 잘 닫지 않는 사람을 개인적으로 호명하면 성공 확률이 훨씬 높아진다. "○○ 님, 퇴근하고 집에 들어가실 때는 현관문을 꼭 닫아주세요."

물론 집단이 책임감 분산 같은 안 좋은 특성만 갖는 것은 아니다. 혼자서 할 수 없는 행동이나 결정을 내리게 하는 데 집단의 힘을 이용할 수도 있다. 여러 가지 상황에서 서로 다른 다양한 방식이 가능하지만 여기서는 대표적인 두 가지를 알아보자.

첫째, '집단 극화 현상Group polarization'을 일으킬 수 있다. 집단 속에 있으면 인간은 혼자 있을 때보다 더 극단적인 결정을 내린다. 앞에서 든 예를 보면, 연구 프로젝트에 대해 거의 모두가 근본적으로는 개방적인 입장이었지만 누구도 나서 솔선수범할 뜻은 없었다. 그런데 지도 그룹이라는 집단에 들어가자 갑자기 용기가 샘솟아 모두가 적극적으로 프로젝트를 찬성하게 된 것이다.

이 효과 역시 실험으로 입증되었다. 실험 참가자들에게 위험한 결정에 찬성할지 물어본다. 예를 들어, 주식이 오를 확률이 얼마나 되어야 그 주식을 구매할 것인가 물은 것이다. 그랬더니 개별적으로 물어보았을 때보다 집단일 때 주식을 사겠다는 사람의 숫자가 훨씬 높았다. 이런 결과로, 이 효과는 우선 모험을 독려하는 것으로 알려졌었다.

하지만 추가 실험을 통해 보수적인 사람의 경우 집단에 있으면 더 보수적이 된다는 사실이 밝혀졌다. 집단은 태도의 성격에 관계없이 일반적으로 기존의 미약한 태도를 강화시키는 것이다. 집단 구성원이 서로에게 추가 논리를 제공하며 그를 통해 서로의 행동을 부추기기 때문이다. 또 집단 구성원이 극단적인 면모에서 서로를 이기고 싶어 하는 흥미로운 효과도 나타난다. 얼마나 모험심이 강한지, 혹은 얼마나 신중한지를 두고 갑자기 경쟁이 불붙는다. 따라서 어떤 결정이나 변화를 막고 싶다면 원래 보수적이지만 약간 흔들리는 사람들을 집단에 집어넣어 보수적인 태도를 더 키우도록 도와주기만 하면 된다.

둘째, 지금까지 의견이 달랐던 상대를 집단에 넣어 변화시킬 수 있다. 집단의 다수가 이미 당신의 편에 섰다면 문제는 간단하다. 이런 결과는 정말 재미난 두 가지 효과가 서로 맞물려서 나온다.

첫 번째 효과는 의견이 다른 사람이 정보적 영향 탓에 갑자기 자기 생각이 진짜 옳은지 헷갈리게 되고, 그렇게 어떤 판단을 내려야 할지 확신이 없어져 주변 사람들에게 의지하게 되는 것이다. 이와 관련해 유명한 실험이 있다. 먼저 실험 참가자 두 명을 방에서 기다리게 한다. 한 명은 혼자 기다리게 하고, 다른 한 명은 주최 측이 보낸 사람과 같은 방에 집어넣는다. 그다음 문틈으로 흰 연기가 스며들게 한다. 혼자서 기다리는 사람은 얼른 방을 나가서 연기가 난다고 알린다. 하지만 다른 사람과 같이 있는 사람은 동료가 별 동요가 없으면 역시 별 다른 행동을 취하지 않는다. 이 경우 참가자는 실험자가 일부러 집어넣은 옆 사람에게서 정보를 얻는다. 그가 가만히 있으면 별일이 없을 것이라고 생각하는 것이다.

대부분의 사람은 겉으로 보이는 것만큼 확신에 차 있지 않다. 그래서 집단에서 여러 사람이 그의 정보가 틀렸다고 말하면 예상보다 훨씬 빨리 마음을 바꾼다.

두 번째 효과는 자신의 정보에 확신을 가진 사람조차도 집단에 들어가면 금방 생각을 바꾸는 것이다. 규범적 영향 때문이다. 한 실험에서 참가자들에게 두 개의 선을 보여주었다. 둘 중 하나가 누가 봐도 훨씬 더 길다. 이제 참가자들에게 어느 선이 더 기냐고 물으면 혼자인 참가자는 한 사람도 빠짐없이 정답을 말한다. 하지만 참가자를 집단 속에 집어넣고 처음 두 사람이 틀린 대답을 하는 것을 보여주면 대부분 갑자기 틀린 대답을 말한다. 자기 말이 틀렸다는 사실을 모두가 잘 알고 있는데도 말이다.

이런 믿을 수 없는 결과의 이유는 너무나 간단하다. 우리는 다름을 드러내 사람들의 사랑을 잃을까 봐 두려워한다. 앞에서 설명한 대로 다른 사람들은 우리가 그들과 비슷한 의견일 때만 우리를 좋아한다. 그래서 사랑받고 싶은 우리는 다른 사람들의 의견에 반박하여 사랑을 잃는 위험을 감수하기보다는 차라리 우리의 대답을 그들에게 맞추는 쪽을 택한다. 주변 사람들이 난생처음 보는 낯선 사람들이고 앞으로 두 번 다시 볼 일이 없는 사람들이어도 그렇다.

이는 신경학적으로도 입증이 가능하다. 집단에 대항할 경우 우리 뇌에서는 부정적인 감정의 부위가 활성화되고, 그로 인해 우리는 고통을 느끼는 것으로 밝혀졌다.

## 반항심을 자극하라

그날의 통화는 3등급이었다. 다시 말해, 남들은 모르는 우리끼리의 얘기였다. 그 기자는 처음부터 그렇게 하겠다고 약속했다.

정치인뿐 아니라 기자도 로비스트가 상대해야 할 사람들이다. 많은 기자에겐 실제로 권력이 있다. 여론을 조성할 수 있는 권력이다. 특히 대형 언론사에 근무하는 기자라면 하룻밤 사이에 여론을 완전히 바꾸어놓을 수도 있다. 그런 면에서는 그들이 정치인보다 더 힘이 세다.

당연히 로비스트야 그들의 경쟁 상대가 안 된다. 그러니 실력 있는 로비스트라면 정기적으로 기자들과도 접촉을 가져야 한다. 물론 자기 쪽에서 먼저 언론에 알리고 싶은 문제가 있을 때도 있다.

나의 경우는 개인적으로 아는 기자들의 명단을 작성해 두었다가 어떤 문제에 대해 업계의 의견이 정해지면 먼저 그들에게 알려준다. 기자들도 무척 고마워한다. 워낙 마감 시간에 좇기는 사람들이니까.

물론 그렇다고 해서 기자들이 일방적으로 우리의 입장만 대변하지는 않는다. 그들 역시 정치인들처럼 사방에서 몰려드는 의견서를 마주한. 정치인, 다른 로비스트, 학자나 전문가까지 신문사 편집국에 각자의 의견을 전달한다. 그래서 대부분은 그것들이 잘 조화를 이룬 공정한 보도가 탄생한다.

때론 기자들 측에서 우리에게 먼저 전화를 걸어올 때도 있다. 그들 역시 정치인들처럼 아주 적은 시간 안에 자신의 전공 분야와 완전히 동떨어진 온갖 문제를 처리해야 한다. 더구나 늘 편집국으로 전달되는 공식적인 정보에만 의존할 수는 없다. 사건의 진상이 어떤지, 발언의 진의가 무엇인지도 알 필요가 있다. 그러자니 자연스럽게 '뒷담화'가 필요하다.

뒷담화에도 등급이 있다. 우리들 사이에서 통하는 암호다. '1등급'은 정보 제공자의 이름을 밝혀도 좋은 정보다. 예를 들어, '○○ 장관의 말에 따르면 법안 작업이 한창 진행 중이라고 한다' 식의 기사화가 가능하다. '2등급'은 일반에 공개하되 이름은 밝히지 않아야 하는 정보다. 그래서 '정부 관계자의 말에 다르면 법안 작업이 한창 진행 중이다'라는 식으로 기사를 작성해야 한다.

마지막 '3등급'은 기자가 혼자만 알고 활용할 수는 있지만 공개해서는 안 되는 은밀한 정보다. 이를테면, 법안이 진행 중이라는 사실을 알게 되어도 그에 대해 기사를 쓰지는 않아야 하는 것이다. 이런 약속은 반드시 지켜야 하는 사안이다. 만일 약속을 지키지 않으면 이후로는 정보를 얻지 못할 테니 말이다.

그날 전화를 걸었던 그 기자는 한 30분 정도 뒷담화를 해도 좋으냐고 물었다. 현안으로 떠오른 새로운 문제에 대해 관계자가 누구인지, 누가 어떤 이해관계가 있는지 알고 싶다는 것이었다. 우리는 3등급으로 합의를 보았다. 그래야 사실을 털어놓을 수가 있기 때문이었다.

첫 뒷담화 때 나는 너무 순진했고 또 도움을 주려는 의욕이 너무 넘쳐서 실수를 저질렀었다. 기자에게 이런 말을 한 것이다.

"이렇게 쓰시면 될 겁니다."

"뭘 쓸지는 내가 결정해요!"

기자는 화가 나서 소리쳤다.

신문사 편집국의 독립성은 고귀한 자산이다. 의원의 독립성과 마찬가지로 헌법에도 보장되어 있다. 외부의 영향에서 완벽하게 자유롭지는 않은 정계의 의원들과 달리 기자들은 약간이라도 그 독립성이 훼손당한다 싶으면 극도로 민감한 반응을 보인다. 그래서 나는 그날 뒷담화를 요청한 기자에게 이렇게 말했다.

"나 같으면 절대로 ○○라고 쓰지는 않을 겁니다."

다음 날 나는 바로 그 구절이 신문에 실린 것을 확인했다.

원래 내가 보고 싶었던 바로 그 문장이었다.


상대가 눈엣가시처럼 거슬릴 때는 두 가지 방법이 있다.

우선, 앞서 6장에서도 설명한 바 있는 자기 충족적 예언이다. 당신이 원하는 대로 했다고 그를 칭찬하라. 그가 마치 당신이 원하는 대로 행동한 양 대접하는 것이다.

"칭찬하기 싫어요. 사실이 아니잖아요." 당신이 이렇게 반박한다면 나는 정반대의 방법을 권하고 싶다. 바로 '리액턴스 이론Reactance theory'을 활용하는 것이다. '리액턴스reactance'란 원래 물리학에서 '유도 저항'을 일컫는 용어인데, 심리학에서는 자유 행동의 상실이나 위협에 대한 저항 반응을 뜻한다. 자녀가 있는 사람이라면 금방 알아들었을 것이다. 아이들은 반항심에서 부모가 하지 말라는 짓을 할 때가 있다. 성인이라고 해서 그러지 않을 것이라고 생각하면 큰 오산이다. 사람들은 나이를 불문하고 다른 사람이 무엇을 시키면 정반대로 행동하고 싶어 한다. 누군가 나를 속박하려고 하면 어떻게 하든지 자유를 재탈환하려고 하기 때문이다. 할 수 없는 일 혹은 해서는 안 되는 일이 갑자기 너무나 매력적으로 보이는 것이다.

한 실험에서 참가자들은 영화가 중간에 갑자기 중단되어 끝까지 다 못 본 경우에 영화를 더 좋게 평가했다. 영화를 다 본 참가자들의 점수는 훨씬 낮았다. 다른 실험에서는 공중 화장실에 "절대로 벽에 낙서하지 마시오"라고 쓴 팻말을 붙이고 2주 후에 살펴봤더니 그냥 "낙서하지 마시오"라고 쓴 화장실보다 낙서가 훨씬 많았다.

배우자가 집안일을 전혀 도와주지 않는다면 불평을 늘어놓거나 도와달라고 부탁할 수도 있다. 하지만 그런 방법으로 실제로 배우자의 도움을 끌어낸다면 당신은 놀라운 능력자다. 배우자가 요지부동이거든 이렇게 말해보라. "당신은 손가락

까닥하지 마. 주방에는 들어올 생각도 하지 말고 청소도 절대로 하면 안 돼. 내가 다 알아서 할 거야." 배우자가 갑자기 집안일에 관심을 보이기 시작할 것이다.

당신이 상사인데 부사직원들의 의욕을 고취하고 싶은가? 그렇다면 지금보다 조금 더 열심히 일해달라고 부탁할 수 있을 것이다. 요구를 하거나 협박을 할 수도 있다. 하지만 그런 부탁이나 요구, 협박이 얼마나 성공률이 낮은지는 다들 경험으로 잘 알 것이다.

정반대로 한번 해보라. 이를테면, 게으른 직원에게 이렇게 말하는 것이다. "자네는 그냥 두게. 이번 프로젝트는 신입사원이 더 잘 어울릴 것 같아." 갑자기 그가 깜짝 놀랄 정도로 부지런해질 것이다.

이런 저항 심리는 일상생활에서 기적을 낳을 수 있다. 얼마전 나는 한 식당에서 점심을 먹기 위해 줄을 서 있었다. 비 오는 토요일이었다. 모두들 배가 고팠고 날씨 탓에 마음이 울적했다. 어떤 신사가 뒤에서 나를 툭툭 치더니 중얼거렸다. "지금 줄 서 있는 거요?" 당연히 이렇게 대꾸할 수 있었다. "눈 없어요? 줄 서 있는 거 안 보여요?" 하지만 그랬다면 우리는 한바탕 싸움을 벌였을 것이다. 나는 방법을 바꾸기로 결심했다. "네, 줄 서 있습니다. 급하시면 먼저 서시겠어요?" 신사는 손사

래를 치며 뒤로 물러났다. "아니, 아니오. 그 말이 아니고요, 죄송합니다. 먼저 오셨으니까 당연히 먼저 드셔야죠."

이뿐만 아니라, 실수를 저질렀을 때 비난이나 나쁜 결과를 피하는 데도 이용할 수 있다. 당신이 변명을 적게 할수록, 제일 먼저 자신의 잘못을 지적할수록 다른 사람들이 이렇게 말할 확률이 높아진다. "그 정도는 괜찮아."

인간은 타인의 제안이나 부탁을 들어주는 것에 엄청난 두려움을 느낀다. 그러면 자신의 자유와 통제권을 잃게 된다고 믿기 때문이다. 이런 믿음을 물리치는 데 95퍼센트의 성공률을 자랑하는 꾀가 하나 있다. 상대에게 이렇게 말하는 것이다. "며칠 동안만 시험해보는 것이 어떻겠습니까? 결정은 그다음에 하세요. 마음에 안 드시면 안 하시면 됩니다." 흥미롭게도 이렇게 한정된 기간 동안 한번 시험해보라는 제안에는 거의 대부분의 사람이 저항을 하지 않는다.

## 상대를 180도 바꾸는 방법

우리의 문제는 상대적으로 저 아래에 있었다. 실무를 처리하는 차원에 말이다. 오래전부터 우리는 중요한 법 규정을 통과시키기 위해 애를 써왔다. 하지만 장관은 관심이 없었다. 얼마 전 장관 및 측근들과 직접 면담을 가졌다. 장관은 자신도 원칙적으로는 우리와 생각이 같지만 그 문제는 자기 관심 분야가 아니라고 딱 잘라 말했다.

이제 모든 것은 실무를 처리하는 국장의 마음을 얼마나 얻느냐에 달렸다. 하지만 그 법 규정은 모두가 각자 딴마음을 품고 있는 '뜨거운 감자'였다. 뜨거운 감자를 덥석 입에 물 사람은 없다. 국장은 그때까지도 계속해서 더 중요하고 시급한 문제가 있다는 말로 우리의 요구를 피해갔다.

나는 나름대로 꾀를 냈다. 다음 우리 협회의 공개 만찬에서 그 문제에 관한 토론 시간을 갖기로 한 것이다. 당연히 그 국장도 토론 참여자로 초대했다. 그는 우리의 초대에 응했지만 분명 왜 아직은 때가 아닌지 그 이유를 다시 한번 설명하리라 마음먹고 단단히 준비를 했을 것이다. 보통 토론이 흥미진진하려면 최대한 의견이 상반되는 참가자들을 골라 섭외를 해야 한다.

그런데 그날 나는 일부러 변화는 적을수록 좋다고 생각하는 사람들로만 골라 초대를 했다. 그러니까 국장과 생각이 비슷한 사람들이었다. 그중에는 국장보다 더 입장이 극단적인 사람들도 있었다. 입장의 근거도 완벽했다.

토론이 시작되었다. 나는 긴장된 마음으로 객석에 앉아 국장이 어떤 태도를 취하는지 살폈다. 내 계산이 맞았다. 얼마 지나자 않아 국장이 법 규정의 필요성이 전무하다고는 말할 수 없다고 주장한 것이다. 심지어 가까운 시간 안에 규정을 적극적으로 검토하겠다는 말까지 튀어나왔다. 토론이 끝날 즈음 국장은 청중을 향해 법 규정이 시급한 현안이라고 주장하기에 이르렀다. 자신이 앞장서 일을 추진하겠다고도 했다. 그로부터 불과 몇 주 후 국장의 말대로 새로운 법 규정의 초안이 나왔다.

앞에서 언급한 집단 극화 효과를 생각한다면 놀라운 결과가 아닐 수 없다. 앞서 집단에 들어간 사람은 기존의 입장을 버리기는커녕 더 강화하게 된다고 설명한 바 있다.

하지만 집단 극화 현상이 나타나려면 아주 중요한 전제 조건을 충족해야 한다. 공동의 결정을 내리기 위해 모인 집단이어야 한다는 것이다. 이 경우는 상호 인정이나 소속감의 욕망이 더 크게 작용한다. 그 누구도 합의를 무너뜨려 타인의 애정을 잃고 싶어 하지 않는다. 그래서 만일 통일된 결정을 내리게 할 목적으로 참가자들을 선택해 초대했다면 어쩌면 정반대의 결론이 나왔을 것이다. 새 법 규정의 필요성이 없다는 결론 말이다.

하지만 공개 토론의 목적은 공동의 결과를 끌어내는 것이 아니다. 타인의 인정과 타인과의 차이가 목적이다. 모두가 최대한 독자적인 입장을 주장하고 싶어 한다. 그래서 리액턴스 이론이 효과를 발휘한다. 타인들이 '나의' 입장을 대변할수록 그들과 거리를 두고 싶어지는 것이다. 안 되면 내 입장을 바꿀 수도 있다. 국장이 바로 이 효과의 희생자가 된 경우다.

물론 정부 부처 국장이 공개 토론에서 한 말을 꼭 지켜야 한다는 법은 없다. 없었던 일인 양 모른 척해도 아무 일도 일어나지 않는다. 그런데도 왜 그는 심중의 변화를 고수했을까?

이는 '인지부조화Cognitive dissonance' 때문이다. 우리의 뇌는 여러 인지(인상과 사고) 사이에 조화가 유지되도록 노력한다. 앞에서도 수차례 강조했듯 뇌는 무척 게으르기 때문에 조화를 갈구한다. 모든 것이 조화로워야 문제가 간단해지는 법이다.

뇌는 생각과 행동 역시 평화로운 합일점을 찾기를 원한다. 행동과 태도가 서로 맞지 않으면 참지 못한다. 어떻게 하든지 그 둘을 일치시켜야 한다. 방법은 두 가지다.

첫째, 행동을 태도에 맞출 수 있다. 예를 들어, 환경을 생각하여 자가용을 타지 않아야 된다고 확신한다면 자가용을 팔아버리는 것이다. 그럼 태도와 행동이 일치될 수 있다. 뇌는 만족할 것이고 잠도 잘 올 것이다.

둘째, 반대로 태도를 행동에 맞출 수 있다. 자동차를 팔지 않고 이렇게 말하는 것이다. "그 대신 나는 비행기를 타지 않잖아. 비행기는 차보다 훨씬 공해가 심해. 자가용이 없으면 출근도 못 하니까 없앨 수는 없지." 이런 자기변명으로 다시 뇌는 평온을 되찾는다.

이 두 가지 방법을 놓고 선택을 할 수 있는 경우는 문제가 미래의 행동일 때뿐이다. 과거의 어떤 행동이 나의 머릿속에 고통스러운 인지부조화를 유발했을 경우에는 그 행동을 물릴 수가 없다. 그러므로 내가 다시 조화를 회복할 수 있는 길은 단 한 가지, 두 번째 방법뿐이다. 태도를 바꾸어 행동에 맞추는 길밖에 없는 것이다.

앞서 든 국장의 사례에서는 '태도와 상반되는 논리'의 트릭이 통한다. 남들 앞에서 자기 태도와 반대되는 입장을 대변해야 하는 상황에 처할 경우 실제로 자기 의견을 바꾸게 되는 것이다. '태도와 상반되는 논리'의 기술은 과학적으로도 여러 차례 입증된 바 있다.

한 실험에서 참가자들에게 아주 따분한 문제를 풀게 했다.

그다음 사실 그들은 실험의 도우미이고 진짜 실험 대상은 바깥 대기실에 앉아 있다고 말한다. 더불어 이 실험은 바깥 실험 대상들이 앞으로 그들이 풀 문제가 정말로 재미있는 것이라고 믿게 만드는 일이 관건이라고 하면서, 그들에게 정말로 문제가 재미있었다고 말해달라고 부탁한다. 실험이 다 끝나고 참가자들에게 문제가 어땠느냐고 물으면, 그들은 실제로도 정말 문제가 재미있다고 대답했다. 원래의 생각과 달리 대기실 사람들에게 문제가 재미있었다고 주장했던 것과 같이 말이다.

이 기술이 통하려면 한 가지 전제 조건이 필요하다. 그 행동에 대한 '외적 합리화External justification'의 가능성이 최대한 낮아야 한다. 다시 말해, 최대한 자발적으로 반대 의견을 받아들여야 하는 것이다.

앞선 경우 내가 국장에게 권총을 들이대고 협박하거나 100만 유로를 주겠다고 꼬드겼다면 그의 머릿속에서 인지부조화가 일어나지 않았을 것이다. 그의 뇌는 쉽게 정리를 할 수 있었을 것이기 때문이다. "무기로 협박을 당했기 때문에 내가 그런 말을 했어" 혹은 "돈을 받고 그런 말을 한 거야"라고 말이다. 하지만 토론장에선 외부의 강제가 전혀 없었다. 당연히 그는 자기 의견을 고수할 수 있었다. 이렇게 외부의 강제도 없는 상태에서 자발적으로 의견을 바꾸었다는 사실이 그에게 인지 부조화를 일으켰다.

일상생활에서도 이 '태도와 상반되는 논리'의 방법을 써먹을 수 있다. 물론 약간의 창의력이 필요하다. 자기 태도와 반대되는 입장을 옹호하기가 말처럼 간단하지는 않기 때문이다. 도움을 청하거나 역할극 혹은 편지 쓰기 등을 활용해보라.

예를 들어, 당신이 회사의 부장인데 당신의 부서에 새로운 운영 시스템을 도입하고자 한다. 그런데 특히 못마땅하게 생각하는 부하직원이 있다. 그럼 그를 불러 도움을 청한다. "자네가 제일 전문가이니까 동료들에게 새 시스템의 장점을 설명해줄 수 없을까?"

남편이 술을 너무 많이 마신다면 왜 술이 건강에 해로운지 아이들에게 설명해달라고 부탁한다. 자녀가 없다면 최근에 술 때문에 큰 문제를 겪은 친구가 금주할 수 있도록 설득해달라고 할 수 있다. 아들이 인터넷 게임에 중독되었다면 아이와 역할극을 해보라. 당신이 아이가 되고 아이가 아빠 역할을 맡아서 자식에게 왜 게임을 많이 하면 안 되는지 설명해주라고 하는 것이다.

특히 상대에게 그의 태도와 반대되는 입장을 대변하는 일을 말에 그치지 않고 글로 쓰게 하면 효과는 극대화된다. 기업들이 광고 문구나 제품명을 공모하는 이유도 바로 이 때문이다.

## 인지부조화를 이용하라

인지부조화를 이용하는 또 한 가지 방법이 '문간에 발 들여놓기Foot in the door'다. 일단 이성적인 사람이라면 도저히 뿌리칠 수 없는 작은 호의를 상대에게 부탁한다. 그런 다음 같은 주제에 대해 조금 더 큰 소망을 피력한다. 원래 당신이 원하던 바를 말이다. 인간은 자신의 태도가 모순되기를 원치 않기 때문에 상대는 더 큰 소망에도 모른 척할 수가 없다.

얼마 전 나도 이 수법에 당한 적이 있었다. 어떤 사람이 전화를 걸어 도시 월세 가격에 대한 정보를 제공해달라고 부탁했다. 자세한 사항은 며칠 후에 다시 전화를 걸 테니 알려달라고 하면서 시간이 별로 걸리지 않을 것이라고 거듭 강조했다. 월세 가격이라면 중요한 문제이고, 또 상대의 말로 보아 시간도 그리 많이 걸릴 것 같지 않아서 나는 흔쾌히 승낙했다. 그런데 다음 통화에서 그는 나를 찾아오겠다고 말했다. 설문지를 작성해야 하므로 직접 찾아뵙겠다는 것이었다. 설문지 작성 시간은 45분 정도 걸린다고 했다. 만일 그가 처음부터 찾아와서 설문지를 작성해달라고 말했더라면 아예 거절을 했을 것이다. 하지만 일단 수락을 한 상황이라 나는 어쩔 수 없이 그의 요구를 들어주겠다고 대답했다.

'머리부터 들여놓기Door in the face'는 똑같이 인지부조화를 이용하지만 방식은 정반대다. 역시 두 가지를 부탁하지만 이번에는 처음의 소망이 말도 안 되는 황당한 내용이어서 상대가 절대로 들어줄 수가 없다. 그다음으로 첫 소망과 비교할 때 훨씬 작은 원래 바라던 소망을 이야기하면, 상대가 두 번째 소망을 들어줄 확률이 높아진다. 이는 '역단계적 요청 기법'이라고도 한다.

이 기법의 적용 대상이 되는 상대가 보기엔 당신이 훨씬 더 많은 것을 바라고 당신을 찾아왔고 당신의 환심을 사려 했다. 따라서 상대의 뇌는 인지부조화로 고통당하지 않기 위해 스스로에게 이렇게 말할 것이다. "너도 똑같이 잘해주어야 하잖아. 작은 부탁이라도 들어주는 것이 어때?"

예를 들어, 세입자가 집을 살펴본 후 주방을 개조해달라고 부탁한다. 당신이 그럴 수 없다고 대답하자 세입자는 그럼 가스레인지라도 갈아달라고 한다. 아마 당신은 그 부탁은 거절하지 못할 것이다.

인지부조화를 이용하는 마지막 방법은 '매몰 비용의 오류 Sunk cost fallacy' 활용이다. 이것은 어떤 문제에 지금까지 투자한 시간과 비용이 많을수록 그 문제의 결과에 대한 관심이 높아지고 그 가치를 크게 생각하는 경향을 뜻한다.

보통 우리는 효율적으로 행동하고 서둘러 해결책을 찾고 적극 협상에 임한다. 협상이 시작되자마자 가장 중요한 지점부터 파고든다. '그 점에 합의하지 못한다면 다른 걸 아무리 얻어내도 다 시간 낭비야. 나머지는 이야기할 필요도 없어.' 이렇게 생각하기 십상이다.

하지만 사실은 그렇지 않다. 협상을 질질 끌면서, 적어도 상대의 입장에서는 최대한 시간과 노력이 많이 들게 하는 편이 오히려 성공의 확률을 높일 수 있다. 최대한 만남의 횟수를 늘리라. 상대가 너무나 많은 시간과 노력을 투자한 후에야, 도저히 포기할 수 없을 정도의 시간과 노력을 투자한 후에야, 문제가 되는 지점을 테이블 위에 꺼내놓도록 한다. 지금까지의 노력이 모두 허사가 된다면 참기 힘든 인지부조화가 발생할 것이다. 이 때문에 상대는 웬만큼 껄끄러운 문제에도 훨씬 더 협상에 호의적으로 행동할 것이다.

## 원하는 행동을 강화하는 상과 벌

상대가 내가 원하는 행동을 장기적으로 유지하기를 바랄 때 소위 말하는 '조건형성Conditioning'을 이용할 수 있다. 내가 원하는 행동을 했을 때 상을 주거나, 그냥 칭찬만 해도 상대는 그 행동을 강화할 것이다. 이런 것을 보면 우리도 개와 별로 다를 바가 없다.

그런데 그 상이나 칭찬이 갑자기 중단된다면 어떻게 될까? 상대도 개와 마찬가지로 그 행동을 중지한다. 어차피 상을 보고 한 행동이었으니까 말이다. 이를 두고 심리학에서는 '소거 Extinction'라고 부른다.

이제 문제는 '매번 상으로 유혹을 하지 않고도 소거를 예방할 수 있는 방법은 없을까?'다. 다시 말해, 그 행동을 소거 저항력이 있도록 만들 수 있는지가 관건이다. 답부터 말하자면 만들 수 있다. 방법은 '간헐적 강화Intermittent reinforcement'다.

때를 봐서 언젠가부터는 매번 상을 주지 말고 두 번에 한 번, 세 번에 한 번, 이런 식으로 상의 횟수를 줄여가다가 나중에는 아주 가끔씩만 상을 주면 된다. 그래도 상대는 그 행동을 계속 유지할 것이다. 언젠가는 상이 돌아오리라는 것을 학습을 통해 알고, 곧 다시 상을 받을 수 있다는 희망이 있기 때문이다.

그래서 언젠가 상이 완전히 중지되더라도 그 희망이 당신이 원하는 행동을 하게 만든다. 상대의 입장에서 보면 불규칙적인 상이 언젠가 다시 시작될 수 있는 것이다.

예를 들어, 가사 도우미를 고용했을 때를 생각해보자. 어느 날 집이 특별히 잘 치워져 있어서 당신이 고마운 마음에 그녀에게 팁을 건넸다. 일을 열심히 하면 팁을 받을 수 있다는 사실을 학습한 도우미는 그때부터 팁을 받기 위해 열심히 일한다. 가끔씩 팁을 까먹어서 간헐적으로(불규칙적으로) 그 행동을 강화한다 해도 그녀는 계속해서 열심히 일할 것이다. 언젠가 상이 돌아올 것이라고 생각하기 때문이다. 상이 불규칙적이라고 알고 있거나 적어도 그렇게 믿는 것이다. 이런 방식으로 바람직한 행동이 소거 저항력을 얻는다. 즉, 상대가 알아서 그 행동을 유지하게 되는 것이다.

그렇지만 간헐적 강화는 자칫 그릇된 방향으로 나아갈 수 있으니 유의해야 한다. 예를 들어, 원치 않는 행동을 벌하지 않고 그냥 지나치면 상대는 벌을 받지 않는 것을 상이라고 느낀다. 그래서 원치 않는 행동을 귀찮다는 이유로, 혹은 예의상 가끔씩만 제재할 경우 바람직하지 못한 행동의 강화를 유발할 수 있다. 상대를 훈육하고 싶다면 상은 불규칙적으로 주더라도 벌은 반드시 빼놓지 않고 내려야 한다.

# 010

# 군중의 힘을
# 활용하라

두 명의 의원이 큰 소리로 킥킥거렸다. 그들 앞 탁자에는 대중잡지가 놓여 있었다. 앞쪽 연단에서는 어떤 사람이 오늘의 주제와 관련하여 발표를 하고 있었다. 오늘 주제는 시청료였다.

당시에는 수신기당 시청료를 냈다. 월 요금이 17유로였다. 그런데 수신기의 범위를 확대하자는 법안이 추진되고 있었다. 기존의 TV나 라디오 말고도 신형 수신기, 즉 컴퓨터나 스마트폰에 대해서도 수신료를 물리자는 것이었다. 이론적으로는 그것들을 통해서도 TV 시청을 할 수 있다는 이유에서였다. 실제로 시청을 하느냐 안 하느냐는 관계없었다. 수신기가 존재하느냐의 여부에 따라 요금을 물리겠다는 것이었다.

많은 사람이 기존 시스템에도 만족하지 못했다. 하물며 수신기의 범위를 확대하겠다는 계획을 좋아할 리 없었다. 일반 국민들은 쓰지도 않는 수신기에 요금을 내야 한다니 이해가 안 된다는 입장이었다. 컴퓨터 제조업체들은 요금 부과로 인해 제품 판매율이 떨어질까 봐 전전긍긍이었다. 민영 방송사들은 시청료에서 한 푼도 지원을 받지 못한다고 우는 소리였다. 공영 방송사들은 지금도 시청료 납부가 원활하지 못한 상황이라고 호소했다. 모두가 개혁을 요구했다.

그래서 일부 의원이 나서 토론의 자리를 마련했다. 전문가들을 불러 시청료 제도의 개선 방안에 대해 이야기해 달라고 부탁한 것이다. 그래서 지금 전문가들이 그 문제에 대해 이런저런 고견을 털어놓고 있었다.

그런데도 두 의원은 계속 잡지를 뒤적였다. 다른 의원들은 문자 메시지를 보내느라 여념이 없었다. 또 몇몇은 토론장을 나갔다 들어왔다 했다. 손을 들어 발언권을 신청하고 자기들 딴에는 매우 비판적인 질문을 던져놓고는 막상 전문가가 대답을 하기 시작하면 딴 일에 정신을 팔았다. 그들의 질문으로 미루어 보건데 다들 이번 법안에 대해 별로 아는 바도 없었다.

우리 협회는 민영 방송사와 수신기 제조업체의 입장이었다. 당연히 새로운 시청료 법안에 반대했다. 그날 우리가 보낸 전문가는 법학과 교수였다. 나는 그에게 최대한 복잡한 표현을 사용하여 정해진 연설 시간을 꽉 채워달라고 부탁했다.

행사가 끝나자 모두들 복도에서 잠시 잡담을 주고받았다. 다양한 반응이 나왔다.

"그 ○○ 여사는 살을 상당히 뺐더라고요."

잡지를 손에 든 의원이 토론회에 초대된 여성 전문가 한 명에 대해 말했다.

"어떻게 한 거지?"

"○○ 교수는 할 말이 별로 없었나 봐요." 누군가 이런 말도 했다.

"그쪽에서 보낸 교수님은 정말 설득력이 있던데요."

한 의원이 나한테 말했다. 나는 그에게 되물었다.

"아, 그러셨습니까? 구체적으로 어떤 논리가 제일 마음에 드시던가요?"

"딱 꼬집어 말할 수는 없어도 아주 설득력이 있어요."

나는 결정적인 질문을 던졌다.

"앞으로 어떻게 하실 생각이십니까?"

"글쎄, 뭐 딱히 우리 소관이 아니라서요."

그랬다. 시청료는 각 주 의회에서 결정하는 사안이었다. 연방의회와는 아무 관련이 없었다. 당연히 나는 그 사실을 알고 있었다. 그래서 그 교수를 선택하고 복잡한 강의를 부탁한 것이다.

최대한 많은 사람을 당신 편으로 끌어들이면 상대의 의지를 꺾을 수 있다. 전문가들은 이를 두고 '청중 관리audience management'라고 부른다. 단순히 구경만 하던 사람들을 의도적으로 행동하게 만드는 것이다.

그 방법은 '명령적 규범Injunctive norm'을 활용하는 것이다. 즉, 주변 사람들이 특정 행동을 허용하거나 허용하지 않는다는 사실을 상대가 알게 만들면 된다. 명령적 규범은 매우 강한 효과를 발휘한다. 상대의 소속되고 싶은 욕망, 사랑받고 싶은 욕망을 자극하기 때문이다. 그의 의견에 반대해서 그를 사랑하지 않는 사람의 숫자가 많을수록 상대는 다시 소속되고 싶고 다시 사랑받고 싶은 욕망이 더욱 커진다.

대부분의 사람은 일정 정도가 지나면 이런 압력을 견디지 못한다. 그래서 '집단 압력Group pressure'이 그의 입장을 압도하게 된다. 이렇게 주변 사람들에게 영향력을 행사하여 원하는 상대에게 간접적으로 영향을 미칠 수 있다. 그 주변 사람들은 사실 그 주제에 대해 별다른 자기 의견이 없는 경우가 많다. 그러니 억지로 태도의 변화를 일으킬 필요도 없다. 그냥 당신의 입장을 정하기만 하면 된다.

그날 연방의회 의원들은 시청료에 대해 아무런 결정권이 없었다. 그 사실을 나는 잘 알고 있었다. 하지만 그들 중 다수는 자기 정당 내에서 상당한 영향력을 갖는 거물이었다. 또 자기 지역구에서도 제법 힘이 있었다. 각 주에서 결정할 문제였지만 우리 입장을 옹호하는 사람들의 숫자가 의회에 많을수록 우리 입장이 법안에 반영될 기회도 높을 것이었다.

사실 대부분의 참석자가 시청료 문제에 관심을 가지고 있었다. 그럼에도 앞에서 말했듯 그들은 발표자의 논리에는 큰 관심을 보이지 않았다. 그들이 주목한 것은 외적인 면이었다. 단순히 외모뿐 아니라 다른 외형의 것, 그러니까 발표자가 어떤 타이틀을 갖고 있는지, 그의 발표가 얼마나 어려운지, 발표 시간이 얼마나 긴지에 더 주목했던 것이다. 그리고 이런 외적인 면모가 결국엔 청중들의 입장을 좌우했다.

그러므로 앞으로 여러 사람이 모인 곳에서 말을 해야 할 때는 이 질문을 반드시 던져보라. 이 자리에서는 무엇이 중요한가? 논리인가, 외형인가?

## 군중의 마음을 사로잡는 법

심리학 연구는 이 질문에 대한 대답을 알고 있다. 이름하여 '정교화 가능성 모델Elaboration likelihood Model'이 그것이다. 어떤 상황에서는 내용적인 논리를 통해 청중을 설득할 수 있고, 다른 상황에서는 부수적인 외형이 더 큰 효과를 발휘한다. 이때 논리를 통하는 길을 '중심 경로Central route', 외형을 거치는 길을 '주변 경로Peripheral route'라고 부른다.

중심 경로는 상대가 당신의 논리를 들어줄 욕망과 가능성이 다 있을 때 통하는 방법이다.

상대가 그런 욕망을 가질 때는, 1장에서도 말했다시피 그 문제가 상대에게 직접 해당되는 경우다. 또 상대가 그럴 가능성을 가지는 경우는(솔직하게 말해) 일단은 상대의 지능에 달려 있겠지만, 그 외에 상대가 집중하여 경청하고 고민할 수 있는 외부 여건의 조성 유무가 중요하다.

그러므로 중심 경로, 즉 내용적 논리는 이 두 가지 조건이 구비되었을 경우에만 선택해야 하는 카드다. 상대가 그 문제의 당사자이고, 또 당신이 말하는 동안 주의를 딴 곳에 팔지 않는다는 조건 말이다. 주변 경로, 즉 외형에 주목해야 할 경우는 이와 반대다. 상대가 그 문제와 별 관련이 없거나 주의가 심하게 산만할 때다. 산만하다는 것은 주변 환경이 정신이 없을 경우와 상대가 특별이 기분이 좋거나 나빠서 심적으로 집중을 하기 힘든 경우 모두를 포함한다.

앞의 사례는 주변 경로의 두 가지 조건이 충족되었다. 즉, 연방의회 의원들은 그날의 주제가 자기들이 결정할 수 있는 문제가 아니었기 때문에 특별한 관심을 보이지 않았다. 행사는 순전히 이미지 관리 차원이었다. 지역구 문제에도 우리는 이렇게 열심히 임한다고 과시하고 싶었던 것이다. 또 다들 주의가 산만했다. 잡지를 읽고 커피를 마시고 문자를 보내고 서류를 들고 와서 일을 했을 뿐 아니라 들어갔다 나왔다 하고 옆사람과 잡담을 주고받았다.

또 다른 예를 들어보자. 당신이 사는 도시의 기차역 옆에 대규모 역사를 신축하겠다는 시 정부의 발표가 있었다. 당신은 역사 신축에 반대하는 입장이다. 그래서 앞장서서 역사 신축 반대운동에 참여하는 중이다. 한번은 시민 행사에 참석해 연설을 했는데, 참석자들이 주로 신축할 역사 부지 근처에 사는 사람들이었고 분위기도 차분했다. 다른 한번은 TV로 생중계되는 대규모 반대운동 집회에서 연설을 했는데, 참석자들이 아주 많아서 분위기가 소란스러웠다. 마지막 한번은 조정위원회에 참석하여 의견을 발표했는데, 이 문제와 별 관계가 없는 사람들이 모였고 다들 딴짓을 하기 바빴다.

정교화 가능성 모델에 따르면 당신은 이 각기 다른 상황에서 전혀 다른 행동을 취해야 했다. 사실 대부분의 사람은 어떤 상황에서도 똑같이 행동한다. 청중의 미세한 차이에 주목하지 않는다. 늘 논리에만 목숨을 거는 사람이 있는가 하면 늘 외형에만 집착하는 사람이 있다. 잠깐만 시간을 내서 청중을 분석하기만 해도 성공률이 월등히 높아지는데 말이다.

중앙 경로는 효과가 오래간다. 하지만 그 조건이 충족되는 경우가 극히 드물다. 특히 사람들의 주의가 산만하고 관계자들이 참석하지 않은 행사에서는 주변 경로를 택하는 쪽이 유리하다. 하지만 그런 비법을 아는 사람은 많지 않다. 그래서 청중들이 자신의 논리를 이해하지 못한다고 실망한다.

활용성 면에서 보면 주변 경로가 더 간편하다. 필요한 조건을 직접 조성할 수도 있다. 소음을 유발하거나 음식이나 음료를 제공하여 청중들의 주의를 흩트릴 수 있기 때문이다. 앞에서 발언을 하는 사람 입장에서 기분 좋은 분위기는 아니지만 어쨌든 청중을 설득하기에는 훨씬 유리하다.

그렇다면 어떤 외형을 갖추어야 할까?

첫째, 누가 말하는가가 중요하다. 인정하고 싶지 않지만 6장에서 언급했듯 이 경우에도 앞에서 연설을 하는 사람이 얼마나 잘생겼는지, 얼마나 매력적인지가 중요하다.

둘째, 물론 능력도 중요하다. 전문가, 특히 유명 전문가를 섭외할 수 있다면 별 논리가 없어도 당신이 원하는 바를 이룰 수가 있을 것이다. 우리는 전문가라면 사족을 못 쓴다. 1960년대에 실시한 그 유명한 '밀그램 실험Milgram experiment'을 다들 알고 있을 것이다. 실험 참가자들에게 교사 역할을 맡기고 학생 역할을 맡은 배우에게 벌로 전기충격을 가하게 한 실험이었다. 먼저 밀그램은 전문배우 두 사람을 연구소로 불러 한 사람은 교수의 역할(권위적 인물)을, 또 한 사람은 학생의 역할을 연기하도록 했다. 체벌을 통한 성적 향상 효과를 실험하고 있는 교수와 학생처럼 행동해달라고 말이다.

그다음에 임의로 실험 참가자들을 선택하여 이 두 사람의 실험에 도우미로 참여해달라고 했다. 즉, 교수가 학생의 성적을 올리기 위해 내리는 체벌을 직접 집행해달라는 것이었다. 체벌은 전기충격이었다. 단추를 누르면 충격이 가해졌고, 그 세기는 단계별로 높일 수 있었다. 최고로 높일 수 있는 전기충격의 단계는 400볼트 이상이었다. 사람을 죽게 만들 수도 있는 강도였다. 그럼에도 대부분의 참가자는 교수가 지시를 내리면 그의 권위에 복종하여 버튼을 눌렀다. 그리고 그 책임을 너무나 쉽게 권위자에게 넘겨버렸다. 권위자가 진짜인지 가짜인지는 중요하지 않았다. 그가 권위자의 카리스마를 뽐기만 하면 그것으로 충분했다.

## 내 말을 쉽게 믿게 만드는 법

'폭스 박사 실험Dr. Fox experiment'이라고 이름 붙여진 실험이 있다. 이 실험에서는 배우에게 강연을 해달라고 부탁을 한다. 주제는 '의사 교육에 활용하는 수학 게임 이론'이고 내용은 복잡하기만 할 뿐 말도 안 되는 헛소리다.

청중에게는 배우를 "수학을 이용하여 인간 행동을 연구하는 분야의 전문가이신 마이론 L. 폭스 박사"라고 소개한다. 그리고 화려하기 짝이 없는 온갖 타이틀로 그의 이력을 치장한다. 배우의 옷차림은 단정하고 외모도 준수하며 목소리도 신뢰가 간다.

'마이론 L. 폭스 박사'는 일반인뿐 아니라 전문가를 앞에 두고도 강연을 했다. 하지만 양쪽 모두 그의 말도 안 되는 헛소리를 들으며 전혀 이상한 점을 눈치채지 못했다. 오히려 강연을 마친 박사와 전문적인 내용으로 활기찬 토론을 벌였다. 이런 식의 코미디 영화도 많다. 주인공이 아무것도 모르는 사람들을 앞에 두고 전문가나 저명한 작가 행세를 하지만 아무도 눈치를 채지 못하는 내용 말이다.

당신이 진짜 권위자라면 설득을 위해 더 할 나위 없이 완벽한 조건을 갖춘 셈이다. 하지만 대중을 설득하기 위해 반드시 당신이 진짜 권위자여야 할 필요는 없다. 물론 주변 경로에서도 무엇을 말하는가는 중요하다. 논리도 중요하다. 하지만 그 논리를 멋들어진 껍질로 포장해야 한다.

예를 들어, 사람들은 논리의 정당성이나 우수성보다 얼마나 많은 논거를 제시하는지, 얼마나 오랫동안 강연을 하는지에 더 관심이 많다. 오랜 시간 이야기를 하고 논거를 많이 제시하는 사람이 청중을 설득한다. 그러므로 많은 논거를 제시한다는 사실을 모두가 알 수 있도록 큰 소리로 또박또박 번호를 매기는 것도 좋은 방법이다. 하나의 논리를 잘게 쪼개 여러 개로 만드는 방법도 있다.

주변 경로를 택할 때는 복잡한 설명도 주저할 필요가 없다. 어차피 이 방법의 효과는 아무도 이해를 하지 못한다는 데서 나오니까 말이다. 이 효과는 처음으로 발견한 심리학자 알렉스 바벨라스Alex Bavelas의 이름을 따서 '바벨라스 효과Bavelas effect'라고 부른다. 사람들은 단순한 설명보다 복잡한 설명을 더 잘 믿는다. 설명이 맞건 안 맞건 상관없이.

## 사람을 쉽게 움직이는 법

상대의 주변 사람들 중에서 누구를 집중 공략해야 상대에게 집단 압력을 행사할 수 있을까?

예를 들어, 당신 자녀의 담임 교사가 학교의 강압에 못 이겨 전근을 가게 생겼다고 가정해보자. 당신은 그 교사가 무척 마음에 들고 계속 아이의 담임을 맡아주기를 바란다. 교장에게 압력을 가해 그를 학교에 남겨두기 위해서는 누구를 설득해야 할까? 학생들? 다른 교사들? 학교의 직원들? 학부모들? 학부모 중에서도 특정 그룹?

오랜 시간 동안 예일대학의 학자들이 이 질문의 대답을 찾기 위해 연구를 했다. 그리고 그 결과를 바탕으로 '태도 변화에 대한 예일 가설Yale attitude change approach'을 만들었다.

결과는 분명했다. 적어도 주변 경로일 경우, 지능이 낮은 사람이 지능이 높은 사람보다 훨씬 쉽게 마음을 움직였다. 또 자의식이 특별히 높거나 특별히 낮은 사람이 고집이 세서 쉽게 마음을 바꾸지 않았다. 그러니 앞으로는 자존감이 보통 수준인 사람을 공략하는 것이 좋겠다. 마지막으로, 나이가 든 사람보다는 젊은 사람이 훨씬 설득을 잘 당했다. 놀랍게도 스물다섯 살만 넘으면 벌써 완고해지기 시작했다.

이제 당신도 앞의 질문에 대답을 할 수 있을 것이다. 학교 관계자들 중에서 지능과 자의식, 나이에 따라 태도 변화의 정도도 달라질 테니 말이다.

그렇다면 중심 경로를 택해야 하는 경우, 다시 말해 논리가 중요한 상황에서는 어떻게 해야 할까? 어떤 논리를 선택할지는 3장에서 이미 배웠다. 또 당신의 의견과 반대되는 논리까지 끌어들여 주장하면 더 많은 것을 얻을 수 있다. 8장에서 배운 '첫머리-최근 효과'를 활용해 가장 중요한 논리를 처음과 끝에 배치하는 것도 잊지 말아야 한다.


## 상대의 머릿속에 든 사실을 이용하라

앞에서도 누누이 이야기했다시피 인간의 뇌는 완벽하지 않아서 세상을 있는 그대로의 모습과 전혀 다르게 인식한다.

일명 '가용성 오류Availability error'라는 것이 있다. 보통 우리의 게으른 뇌는 객관적 사실을 자신의 기억으로 대체한다. 그리고 이때에도 똑같이 게으름을 부려서 통계적으로 정확히 따져보는 것이 아니라 '가용성 휴리스틱Availability heuristic'을 동원한다. 쉽게 이용할 수 있는 사건, 쉽게 기억할 수 있는 사건이 그럴 수 없는 사건보다 훨씬 발생 빈도와 확률이 높다고 착각하는 것이다.

그런데 중요한 것은 '얼마나 자주 기억하느냐'가 아니라 '얼마나 쉽게 기억하느냐'다. 한 매력적인 실험을 통해 그 사실을 확인할 수 있다. 실험자가 참가자들에게 특별히 자부심을 느꼈던 사건을 기억해보라고 한다. 이때 한 그룹에게는 6건의 사건, 다른 그룹에게는 12건의 사건을 적어달라고 한다. 그다음 그것을 바탕으로 자신의 자존감을 측정하게 한다. 결과는 의외였다. 12건의 사례를 수집한 그룹이 6건의 사례를 수집한 그룹에 비해 자의식이 더 낮았던 것이다. 통계학적으로 보면 정반대의 결과가 나와야 마땅하다. 하지만 더 많은 사례를 수집해야 하는 참가자들은 더 오래 고민을 해야 하고 더 어렵게 기억을 끌어내야 한다. 그러다 보니 그들의 뇌는 자부심을 느꼈던 상황이 잦지 않았다는 결론을 내리게 된다.

당신이 사는 동네의 횡단보도에 신호등이 없어서 길을 건너기가 불편할 뿐 아니라 아주 위험하다고 해보자. 당신은 시청에 신호등을 달아달라는 탄원서를 제출하고자 설문 조사를 시작한다. 동네 주민들을 상대로 횡단보도에서 달리는 차 때문에 30초 이상 서 있었던 적이 얼마나 되냐고 묻는다. 결과는 실망스럽다. 5번 길을 건넌다면 30초 이상 서 있는 경우가 1번밖에 안 된다. 탄원서를 제출할 정도로 설득력 있는 결과가 아니다. 이럴 땐 조사한 설문지를 과감하게 휴지통에 집어넣고 사람들의 머릿속에 든 사실에 호소해야 한다.

횡단보도 앞에 서서 기다릴 때 우리는 짜증을 느낀다. 즉, 감정이 연루되는 상황이다. 감정은 사실을 더 쉽게 기억할 수 있도록 만든다. 그러므로 당신의 이웃들은 아무 문제없이 길을 건너던 때보다는 밀려오는 차 때문에 어쩔 줄 모르고 서 있던 때를 훨씬 더 쉽게 기억할 수 있다. 사실은 대부분의 경우 별문제 없이 길을 건넜는데도 말이다. "위험해서 길을 건널 수가 없어요." 당신은 그저 이렇게만 말하면 된다. 대부분의 이웃이 자신의 경험담을 털어놓으며 당신의 주장에 동의할 것이다. 현실은 전혀 다르지만 말이다.

무언가가 근거가 부족하거나 심지어 아예 없더라도 한번 그것을 사실이라 생각하면 우리는 그 입장을 고수한다. 이 효과는 앞서 1장에서 배운 바 있다. 바로 믿음 보전 효과다.

그러므로 통계학 자료를 활용하고자 할 때는 가용성 오류를 염두에 두어야 한다. 오류를 막으려 할 것이 아니라 활용해야 하는 것이다. 사람들은 흔히 진짜 통계 자료를 내밀며 자기 뜻을 관철시키려고 하지만 당신은 달라야 한다. 통계 자료 따위는 싹 잊어버리라. '얼마나 자주 발생했나?'를 묻지 말고 '나의 청중이 그 일을 얼마나 쉽게 기억할 수 있는가?'를 물어라.

당신의 말을 듣는 청중은 모두 통상의 사회적 편견을 갖고 있다는 사실에도 주의해야 한다. 연구 결과를 보면 특정한 기본 입장은 타고나는 듯하다. 어쨌든 우리는 주변 세계에서 통용되는 편견을 급속하게 학습한다. 그리고 그것을 '간직'한다. 적어도 머릿속에는.

테스트가 필요하다고? 다음 편견은 남성과 여성이라는 두 집단 중 각각 어느 쪽에 해당하는 것일까? 당신이라면 어떤 말을 어떤 집단과 연결시키겠는가?


· 축구를 좋아한다.
· 구두 쇼핑을 좋아한다.


어떤가? 당신의 머릿속에는 이미 편견이 둥지를 틀었다. 그렇지 않다면 앞의 질문에 대답을 할 수 없었을 테니 말이다. "난 편견 같은 거 없어요"라는 말은 기껏해야 "나는 편견을 억눌러요"라는 뜻이다.

하지만 억누르자면 힘이 든다. 너무나 게으른 우리의 뇌에게는 특히나 더 힘든 일이다. 그래서 뇌는 끊임없이 억누르지 않아도 될 이유를 찾는다. 주변에서 누가 살짝 그 편견을 입에 올리기만 해도 된다.

한 실험에서 참가자들을 모아놓고 우연인 듯 한 사람이 어떤 편견을 중얼거리게 했다. 그 작은 중얼거림으로 이미 효과는 충분했다. 실험 참가자들은 편견의 해당 사회집단을 실제로 더 나쁘게 평가했다. 편견을 정당화할 수 있는 아주 미미한 근거만 발견해도 우리의 뇌는 더 이상 편견을 억누를 필요가 없다고 생각해버린다.

물론 편견을 굳게 다지는 데 매진하라는 소리가 아니다. 나는 그저 청중의 뇌가 어떻게 작동하는지 그 방법을 알려주고 싶을 뿐이다. 그 작동방식을 적극 활용해야 당신이 원하는 것을 손에 넣을 수 있을 테니까 말이다.

## 잃어야 얻는다

어떤 결정을 내려서 무엇을 얻고 무엇을 잃을 것인지 고민인 경우가 많다. 모두들 입을 모아 최대한 긍정적인 자세를 가져야 하며 기회에 집중해야 한다고 말한다. 타인을 설득하고자 하는 수많은 사람이 바로 이런 실수를 저지른다.

왜 실수일까? 앞에서 배운 소유 효과를 상기해보자. 무언가를 잃을지도 모른다는 두려움은 추가로 얻고자 하는 욕망보다 항상 강하다. 우리는 똑같은 물건을 두고도 남이 가졌을 때보다 내가 가졌을 때 더 가치 있다고 생각한다. 이에 대해서는 이미 1장에서 배웠다. 찻잔 실험을 떠올려보라.

소유 효과는 신경학에서도 입증되었다. 지금 막 무언가와 이별한 인간의 뇌에서는 통증 부위가 활성화된다. 대뇌피질에 있는 뇌섬엽Insular cortex 부위다. 물건을 팔았을 때, 다시 말해 그 물건에 상응하는 대가를 받았을 때도 마찬가지다. 이별은 근본적으로 통증을 유발한다. 그러므로 사람의 마음을 움직이고 싶을 땐 그 결정이 가져다줄 기회보다는 상실의 두려움을 건드리는 편이 더 효과적이다. 대부분의 경우 표현만 살짝 바꾸면 된다.

예를 들어, 당신이 부장인데 부하 직원들에게 앞으로 더 많은 업무를 맡아달라고 설득을 해야 할 처지라고 가정해보자. 당연히 당신은 새로 맡게 될 업무가 매우 흥미로우며, 회사의 매출이 올라 보너스를 받을 수 있을 것이라고 떠들어댈 것이다. 대부분의 상사가 이런 장밋빛 미래를 그리는 방법을 택한다.

하지만 더 간단하면서 더 효과적인 방법이 있다. 이렇게 말하는 것이다. "추가 업무를 맡지 않으면 예산이 축소될 테니 우리 연봉이 깎일 확률도 높아지겠지요."

거꾸로 당신이 부하직원의 입장이라면 어떻게 해야 할까? 장기적으로 하고 싶지 않은 일에는 절대 자발적으로 나서지 말아야 한다. 흔히 기업 등의 조직은 누군가 자발적으로 책임을 떠맡으면 법적 강제를 피할 수 있을 것이라고 생각한다. 또 자발적으로 어떤 일을 맡자마자 모두 그것을 너무나 당연하게 취급할 것이고, 정계는 그 자발적 행동을 아예 법으로 확정하려 들 것이다. 일상에서도 마찬가지다. 자발적 책임에는 소극적으로 임하라. 상대가 남편이건, 상사건, 친구건.

## 채널을 총동원하라

불길하게도 유럽연합 의회의 위원회까지 나섰다. 인터넷을 TV처럼 확실하게 손에 넣고 통제하겠다고 말이다.

TV는 가장 엄격한 규제를 받는 분야 중 하나다. TV 프로그램 공급자는 허가를 받아야 하며, 그 허가를 얻는 절차는 만만치 않게 까다롭다. 또 프로그램에 대한 요구 사항도 많고 스폰서와 광고에 대한 규제 역시 엄격하다. 이유는 동영상을 안방으로, 그것도 똑같은 시간에 모든 집의 안방으로 전송하는 TV는 아주 위험한 매체라고 생각되기 때문이다. '동영상의 도발력'이라는 말이 괜히 나온 것이 아니다. 많은 정치인이 지금도 TV를 잠재적인 선전의 도구로 보는 것도, 여론의 힘을 이용한 방송사들의 횡포를 우려하는 것도 다 그 때문이다.

신문은 그런 비난과 우려의 대상에서 제외된다. 신문이 동영상을 동시에 각 가정으로 전송하지는 않기 때문이다. 인터넷 역시 마찬가지다. 그사이 품질 좋은 동영상들이 엄청나게 올라오고 있지만 인터넷 동영상에 대한 규제는 TV 프로그램에 비하면 여전히 턱없이 낮다. 그래서 인터넷상에서는 누구나 별문제 없이 콘텐츠 공급자가 될 수 있다.

그런데 유럽연합 의회의 위원회가 TV에 해당되는 각종 규제를 인터넷으로 확장하겠다는 계획을 발표했다. 인터넷 기업들로서는 충격이 아닐 수 없었다. 특히 신문사의 입장은 난감했다. 내용은 똑같은데 온라인판 신문에는 종이 신문과 다른 규정을 적용하겠다니 말이다.

우리는 이 법안을 막기 위해 여러 신문사 및 잡지사와 긴밀하게 협조했다. 청문회에 초청된 한 신문사 직원이 전자신문을 볼 수 있는 전자기기를 가져왔다. 페이지를 불러내는 데는 전기가 필요하지만, 일단 한번 화면에 띄우면 종이 신문과 마찬가지로 전기가 없어도 읽을 수 있는 기계였다.

그가 신문 1면을 기기에 띄우더니 높이 쳐들고 말했다.

"이 면은 인쇄된 신문의 1면과 정확히 똑같습니다. 그리고……"

그는 배터리를 빼서 큰 소리가 나게 책상에 집어 던지며 말을 이었다.

"배터리를 빼도 똑같이 읽을 수 있습니다. 그런데 똑같은 두 신문에 전혀 다른 규정을 적용하겠다니 그게 말이

됩니까?"

결국 유럽연합 의회위원회는 원안에서 여러 가지 규정을 삭제하지 않을 수 없었다.


이제까지 우리는 중앙 경로와 주변 경로의 몇 가지 중요한 측면을 살펴보았다. 상황에 따라 둘 중 하나를 골라 활용하는 방법이었다. 그런데 거기서 한 걸음 더 나아가 이 두 경로를 결합시키는 것도 가능하다. 논리가 중요한 상황에서도 내용뿐 아니라 외형의 효과까지 최대화하는 아주 우아한 방법이다.

방금 소개한 이야기는 중앙 경로와 주변 경로 모두에서 작동하는 매우 유용한 논리를 잘 보여준다. 다름 아닌 '비유 Analogy'다. 비유는 앞에서 언급한 우리 뇌의 특성을 잘 이용한다. 우리 뇌는 이미 알고 있는 것을 사랑하며 모든 새로운 정보를 기존의 정보와 조화시키려고 노력한다.

비유는 두 경로 모두를 경과한다. 한편으로 비유는 결정적인 공통의 특징으로 두 가지 사안을 논리적으로 연결하는 논리가 된다. 한 가지 사안에서 끌어낸 결론을 다른 사안에 적용하는 것이다.

하지만 또 한편으로 비유는 논리가 필요 없는 매우 외적인 것, 매우 구체적인 것이다. 이해하기 위해 많은 고민을 할 수도 있겠지만, 사실 오래 고민하지 않아도 쉽게 이해가 된다. 따라서 비유는 심오한 논리를 대하고 싶지 않은 사람들에게도 효과를 발휘한다.

비유를 이용하면 굳이 설명을 하지 않아도 모든 것을 쉽게 이해시킬 수 있다. 청중의 머릿속에 들어 있는 지식을 이용하기만 하면 되는 것이다.

'페피노'라는 이름의 과일을 설명해야 한다고 가정해보자. 이렇게 말할 수 있을 것이다. "페피노는 타원형 과일이며 길이가 10~20센티미터, 직경이 5~10센티미터다. 겉은 매끈한 연두색 껍질이며 속은 노란색의 부드러운 과육이다. 먹어도 되고 맛이 달콤하다."

하지만 간단하게 이렇게 말할 수도 있다.

"페피노는 멜론과 배를 섞어놓은 과일이다."

앞으로는 장황하게 설명을 늘어놓기 전에 모든 사람이 알고 있고 "○○와 같다"라고 비교할 수 있는 대상을 먼저 찾아보라. 이때 한 가지 트릭을 구사할 수 있다. 원래의 대상에게 추가적 속성을 부여해주는 비교 대상을 선별하는 것이다.

예를 들어, 당신이 출판사에 소설 아이디어를 소개한다면 "마법을 가진 한 소녀가 친구들과 여러 가지 모험을 즐기는 내용입니다"보다는 "여성판 해리 포터라고 보시면 돼요"라고 말하는 편이 더 빠른 이해를 돕고 더 강렬한 인상을 줄 것이다.

마지막으로 당신에게 한 가지 이야기를 더 들려주고 싶다. 당신의 뜻을 관철시킬 수 있는 멋진 방법을 가르쳐줄 사례다.


## 내 말이 진리가 되는 법

홍보부 직원이 문 앞에 서서 기다렸다. 나는 컴퓨터 폴더를 뒤져 내가 찾던 문서를 불러내고 말했다.

"잠깐만, 금방 찾을 거야."

정계에는 멧돼지가 몇 마리 있다. 몇 주에 한 번, 몇 달에 한 번꼴로 출몰하여 마을을 헤집어놓는다. 누군가 먹잇감을 던지면 모두가 그것을 먹겠다고 우르르 달려든다. 평생 굶주렸던 것처럼.

이번 먹잇감은 시청료였다. 특히 인터넷을 통해 TV나 라디오를 수신할 수 있는 신종 수신기를 서로 먹어보겠다고 달려들었다. 새 규정에 따르면 이론적으로 인터넷에 접속할 수 있는 모든 기기는 시청료 부담 의무가 있는 수신기가 될 수 있었다. 설사 냉장고라고 하더라도 말이다.

우리는 이 요금 시스템이 시대착오적일 뿐 아니라 미래의 기술 발전을 가로막는 큰 장애물이라고 생각했다. 이론적으로 TV를 시청할 수 있다는 이유로 스마트폰이나 내비게이션에 월 17유로의 요금을 부과한다면, 과연 누가 이런 현대적 기기들을 구입하겠는가?

이 새 규정을 적용하게 되면 사실상 통신 요금을 지불하지 않을 가정이 거의 없었다. 수신기라고 우길 수 있는 전자기기가 하나도 없는 가정이 대체 몇이나 되겠는가? 우리가 보기에는 수신기 요금을 받을 것이 아니라 차라리 가정별로 세금을 매기는 '가정세'를 받는 편이 더 솔직해 보였다.

그래서 우리는 당당하게 가정세를 받자고 제안했다. 하지만 당시에는 모두들 우리의 제안이 비현실적이라고 비웃었다. 물론 우리 역시 실제 그런 시스템이 가능할지 확신이 없었다. 가정세로 이름이 바뀌어도 그 돈이 예전처럼 공영 방송 지원에 투입될 것인지, 정확히 어떻게 징수할 것인지, 무엇보다 그런 시스템이 법적으로 허용되는지의 여부조차 알 수 없었다. 하지만 어쨌든 가정세가 신설된다면 인터넷이 연결되는 냉장고조차 갖지 못한 사람들 역시도 공영 방송에 돈을 기부할 수밖에 없게 된다.

그러니 아무리 우려의 목소리가 높았어도 우리로서는 그것이 최고의 대안이었다. 그 문제가 떠오를 때마다 우리는 계속해서 우리의 제안을 반복했다. 그래서 그날 오후에도 나는 서둘러 컴퓨터에 들어 있던 제안서를 찾았고, 그것을 우리 홍보부 대변인에게 넘겨 언론 보도에 끼워 넣으라고 일렀다. 덕분에 다시 우리가 가정세를 제안했다는 기사가 신문에 났다.

그로부터 몇 년이 지났다. 우리가 제안했던 가정세는 그 사이 '방송 분담금'이라는 이름으로 이미 효력이 발효되었다. 법적인 문제가 모두 해결되지는 않아 헌법재판소에 상정되었더라도 말이다.

어쨌든 비현실적이라는 조롱을 받았고 많은 이들이 의구심을 표했던 그런 아이디어가 과연 어떻게 현실의 법안이 될 수 있었을까?

우리는 그 비현실적인 것을 귀에 못이 박힐 때까지 반복하고 또 반복해 말했다. 결국 그것이 진리가 될 때까지. 시간이 갈수록 사람들은 그 제안을 자주 듣게 되었다. 처음엔 우리뿐이었지만 그다음엔 다른 이익단체들이 우리의 제안에 동의했다. 이어 갑자기 몇몇 정치인이 동참하더니 한 정당이 그 뒤를 이었고 두 정당이 다시 동참했으며, 결국엔 모두가 그 문제에 대해 똑같이 '가정세'를 내세우게 되었다. 그 제안이 처음부터 안고 있었던 각종 문제점은 하나도 개선된 것이 없었는데도 말이다.

앞서 5장에서 단순 노출 효과에 대해 설명했다. 우리는 자주 보는 사람을 자동적으로 더 좋아한다. 이유는 습관의 힘이다. 게으른 우리 뇌는 친숙한 것이라면 모두 좋아한다. 정보를 소화하기가 쉬워 처리 유창성이 높아지기 때문이다.

이제 그 단순 노출 효과를 살짝 변형해보자. 그것을 사람이 아니라 사물이나 말에 적용해보는 것이다. 예를 들어, 라디오에서 두 번 연달아 같은 상품의 광고를 들었다면 의식적으로는 그렇지 않다 해도 이미 그 상품에 대한 당신의 호감도는 광고의 영향을 받는다. 물론 한 가지 조건이 충족되어야 한다. 첫 만남이 부정적이면 안 된다는 것이다.

이 효과는 말에도 통한다. 우리는 자주 듣는 말을 더 진실하다고 생각한다. 흔히 계속 되풀이한다고 어떤 주장이 진실이 되지는 않는다고 반박한다. 하지만 그 말은 틀렸다. 적어도 그 주장을 듣는 상대의 머릿속에서는 계속 반복한 주장이 '진리'가 된다. 이런 '진리 효과Truth effect'는 많은 실험을 통해서도 입증된 바 있다.

물론 한계는 있다. 앞에서 소개한 사건의 경우 우리 의견과 반대 의견의 전선이 치열하지 않았다. 치열한 전선이 형성된 경우는 앞서 1장에서 설명한 바 있다. 반대 의견과 자주 부딪칠수록 상대는 점점 더 태도 변화에 면역이 된다. 자기 태도를 지킬 수 있는 백신을 맞는 것과 같기 때문이다. 그러므로 진리 효과는 자기 의견이 이미 확고하고 구체적인 사람을 반대편으로 넘어오도록 설득하는 데는 별 소용이 없다.

하지만 확고한 견해가 없는 집단에게 당신의 의견을 '팔고자' 할 때는 진리 효과가 큰 도움이 된다. 당신의 주장이 당장 그 자리에서 관철되지 않았다고 해서 얼른 포기하지 않도록 하라. 고집불통으로 당신의 입장을 상대의 귀에 못이 박힐 때까지 반복하고 또 반복하라.

언젠가 당신의 말이 진리가 될 날이 올지니!

# 머릿속 심리 효과를, 생활 속 전략으로

이 책에서 소개한 심리 효과들은 내가 만들거나 발견한 것이 아니다. 우리의 뇌가 어떻게 작동하는지를 알려주기에, 모든 효과는 이미 당신의 머릿속에 있었다. 그러니 적어도 본능적으로는 이미 다 알고 있었을 것이다. 당신이 읽으면서 고개를 많이 끄덕였을수록, '나도 저런 적 있는데'라는 생각을 많이 했을수록 좋다. 고개를 끄덕였다는 것은 당신이 과학 연구의 결과를 인정한다는 뜻이며, 모든 인간이 아주 비슷한 경험을 한다는 뜻이기 때문이다.

내가 이 책에 각종 심리 효과들을 모아 설명한 이유는 지금보다 더 많이 그런 효과들을 기억하여 일상생활에서 활용할 수 있게 하기 위해서다.

내 강연에 참석한 많은 사람이 말한다.

"내가 지금껏 본능적으로 써먹던 전략들을 이제야 체계적으로 파악할 수 있겠네요. 왜 그런 전략들이 통했는지 그 이유도 알겠고요."

당신에게서도 그런 말을 들을 수 있다면 좋겠다. 당신의 경험은 이 책의 설명과 얼마나 일치하는가? 어떤 전략의 효과가 크며 어떤 전략의 효과가 작은가? 당신만의 개인적인 전략은 무엇인가? 지금부터 이 책에서 설명한 설득의 법칙들을 차근차근 활용하며 이 질문들에 답해보라.

그 답이 당신이 원하고 필요로 하는 상대의 마음을 열어줄 것이다.

# 설득의 법칙

**초판 1쇄 발행** 2023년 3월 3일
**초판 3쇄 발행** 2024년 1월 30일

**지은이** 폴커 키츠  **옮긴이** 장혜경
**펴낸이** 김선준

**편집이사** 서선행(sun@forestbooks.co.kr)
**편집1팀** 임나리, 이주영  **디자인** 엄재선  **교정** 유지현
**마케팅팀** 권두리, 이진규, 신동빈
**홍보팀** 조아란, 장태수, 이은정, 권희, 유준상, 박미정, 박지훈
**경영지원** 송현주, 권송이

**펴낸곳** ㈜콘텐츠그룹 포레스트  **출판등록** 2021년 4월 16일 제2021-000079호
**주소** 서울시 영등포구 여의대로 108 파크원타워1 28층
**전화** 02) 332-5855  **팩스** 070) 4170-4865
**홈페이지** www.forestbooks.co.kr
**종이** (주)월드페이퍼  **인쇄·제본** 한영문화사

**ISBN** 979-11-92625-68-3 (03320)

• 책값은 뒤표지에 있습니다.
• 파본은 구입하신 서점에서 교환해드립니다.
• 이 책은 저작권법에 의하여 보호를 받는 저작물이므로 무단 전재와 복제를 금합니다.
• 이 책의 본문은 '을유1945' 서체를 사용했습니다.

㈜콘텐츠그룹 포레스트는 독자 여러분의 책에 관한 아이디어와 원고 투고를 기다리고 있습니다. 책 출간을 원하시는 분은 이메일 writer@forestbooks.co.kr로 간단한 개요와 취지, 연락처 등을 보내주세요. '독자의 꿈이 이뤄지는 숲, 포레스트'에서 작가의 꿈을 이루세요.